다빈치 대 잡스

세상을 바꾼 20명의 인물, 일대일로 만나다

이 책의 한국어판 저작권은 EYA(Eric Yang Agency)를 통한 독점계약으로 '도서출판 노란돼지'가 소유합니다.
저작권법에 의하면 한국 내에서 보호를 받는 저작물이므로 무단전재 및 복제를 금합니다.

Tête-à-tête
ⓒFirst published in French by Fleurus Paris, France-2018
Korean translation copyright ⓒ2020 by YellowPig
Korean translation rights arranged with Fleurus Éditions
through EYA(Eric Yang Agency)
이 책의 한국어판 저작권은 EYA(Eric Yang Agency)를 통한 Fleurus Éditions 사와의
독점계약으로 '도서출판 노란돼지'가 소유합니다.
저작권법에 의하면 한국 내에서 보호를 받는 저작물이므로
무단전재 및 복제를 금합니다.

도서출판 노란돼지는 어린이와 함께 기쁨과 슬픔, 고민을 나누며 꿈꾸고 성장하는 좋은 친구가 되고 싶습니다.

다빈치 대 잡스

세상을 바꾼 20명의 인물, 일대일로 만나다

글 바티스트 코르나바스 · 그림 앙투안 코르비노
옮김 권지현

모든 경험은 하나의 아침, 그것을 통해 미지의 세계는 밝아 온다.
– 레오나르도 다 빈치 –

훌륭한 일을 하는 유일한 방법은 자신의 일을 사랑하는 것.
– 스티브 잡스 –

글쓴이

이 책에 글을 쓴 **바티스트 코르나바스**는 냉전으로 세상이 반으로 갈라져 있을 때 태어났어요. 군인이던 아버지는 그가 세 살 때 서베를린으로 파견되었어요. 베를린 장벽이 뚫리고 헤어졌던 독일 가족들이 27년 만에 다시 만난 1989년 11월 9일에 그는 운 좋게도 현장에 있었어요.

여섯 살에는 선생님에게 잘 보이려고 라퐁텐의 우화를 암송했고, 그해에 유럽 연합이 탄생했어요. 그렇게 해서 바티스트는 유럽 시민이 되었지요.

1990년대에 그는 혁명을 겪었어요. 프랑스 각 가정에 도착한 작은 초록색 상자가 일군 혁명이었어요. 이 상자는 단 2분 만에 인터넷에 접속할 수 있게 해 주었지요. 바티스트는 새천년과 '밀레니엄 버그'를 경험한 행운아예요. 그때 나이가 열네 살이었고 세상의 종말은 일어나지 않았어요.

2004년에는 문학 전공으로 바칼로레아에 합격했고, 2009년에는 역사학 학사 학위를 받았어요. 2012년에 교육학 석사 학위를 받은 그는 마야력에 예견된 세상의 종말을 다시 한 번 피하고 교사로 일하기 시작했어요. 역사를 더 깊이 이해하고 현대 세계를 더 잘 이해하고 싶어서 2014년에 유튜브에 역사 전문 채널 〈파를롱지스투아르〉를 만들었어요. 여러 학교에서 교사로 일했고, 2018년에 중등교원자격증을 땄어요.

지금 여러분이 손에 들고 있는 《다빈치 대 잡스》는 그가 처음 쓴 책이에요.

그린이

이 책에 그림을 그린 **앙투안 코르비노**는 1982년에 태어났어요.

영국에서 캠버웰 예술 대학을 다녔고, 프랑스에서 스트라스부르 장식미술 학교를 다녔어요. 세계 곳곳에서 유명한 디자인 에이전시와 광고 에이전시에서 일했어요. 화려한 색감과 복합성이 두드러지는 그의 작품들은 전 세계적으로 많은 관심을 받았어요. 뉴욕 타임스, 배너티 페어, 디올, 블라블라카, 이브 로셰 등 많은 기업이 그에게 작품을 의뢰했지요.

작가는 현실적이면서도 상징적인 초상화를 그렸어요. 구체적인 자료를 바탕으로 누구인지 쉽게 알아볼 수 있으면서도 개성을 잃지 않는 매우 독창적인 그림들을 탄생시켰어요.

옮긴이

이 책을 우리말로 옮긴 **권지현**은 고등학교를 졸업할 무렵부터 번역가의 꿈을 키웠어요. 그래서 서울과 파리에서 번역을 전문으로 가르치는 학교에 다녔고, 학교를 졸업한 뒤에는 번역을 하면서 번역가가 되고 싶은 학생들을 가르치고 있어요. 귀여운 조카들을 생각하며 외국 어린이 책을 우리말로 옮기는 데 큰 즐거움을 느낀답니다. 그동안 옮긴 책으로는 《펜으로 만든 괴물》, 《추리 게임》, 《버섯 팬클럽》, 《아나톨의 작은 냄비》, 《거짓말》, 《인생을 숫자로 말할 수 있나요》 등이 있어요.

책을 읽기 전에

여러분이 이 책을 손에 들고 있다면 그건 요하네스 구텐베르크 덕분이에요. 또 화산에 대해 우리가 많이 아는 것은 모리스 크라프트와 카티아 크라프트 부부 덕택이지요. 페이스북에서 '좋아요'를 누르고 모르는 사람과 연결되는 것은 마크 저커버그 덕분이고, 남극에 대한 과학적 데이터가 많이 쌓인 것은 로알 아문센 덕택이에요.

세상에는 우리의 일상을 재창조하고 획기적으로 변화시키는 훌륭하고 뛰어난 사람들이 아주 많아요. 그들은 매일 놀라운 업적을 이뤄 내고, 자신들의 생각과 권리를 위해서 투쟁해요. 또 계속해서 새로운 것을 발견하고 싶어 하지요. 뛰어난 인물들을 모두 소개하는 것이 이 책의 목적은 아니에요. 여기에서는 자신의 시대를 빛냈으며 때로는 시련도 겪었던 스무 명의 인물을 일대일로 비교하려고 해요.

알고 있었나요? 테레사 수녀와 안젤리나 졸리는 공통점이 있어요. 혹시 레오나르도 다 빈치와 스티브 잡스의 공통점을 찾을 수 있나요? 크리스토퍼 콜럼버스와 닐 암스트롱은요? 이 사람들은 같은 시대를 살지 않았기 때문에 한 번도 만난 적은 없지만 공통점으로 묶을 수 있답니다.

초상화만 보고도 시간을 초월한 그들의 공통점을 찾을 수 있을까요? 페이지를 넘겨서 각 인물의 삶을 살펴보고 두 사람을 이어 주는 업적을 소개한 글도 읽어 보세요.

두 인물의 소개가 끝나면 연표가 이어져요. 각 인물이 어느 시기에 살았는지 알 수 있고, 그 당시 다른 지역에서는 무슨 일이 있었는지, 다른 인물들과는 어떻게 이어지는지 한눈에 볼 수 있어요. 끝에는 스무 명의 인물이 태어난 곳을 표시한 지도가 있으니 눈여겨보세요.

바티스트 코르나바스

- 콜럼버스 대 암스트롱 -

미지의 땅을

리스토퍼 콜럼버스와 닐 암스트롱은 500년을 사이에 두고 태어났지만 두 사람 모두 미지의 땅을 밟았다는 공통점이 있어요. 크리스토퍼 콜럼버스는 아메리카 대륙을, 닐 암스트롱은 달을 밟았으니까요.

미지의 땅이라……. 사실 그렇지는 않았어요. 아메리카 대륙을 최초로 발견한 사람은 콜럼버스가 아니에요. 신대륙을 발견하고 배에서 내렸을 때 그는 동인도(오늘날의 동남아시아)에 도착한 줄 알고 원주민들을 '인디언'이라고 불렀어요. 하지만 그가 아메리카 대륙을 가장 처음 밟은 유럽인이었을까요? 그렇지 않아요. 북유럽의 무서운 해적 바이킹은 콜럼버스보다 적어도 500년 전에 아메리카 대륙에 온 적이 있거든요. 특히 그들은 아이슬란드와 그린란드를 거쳐, 북아메리카 북쪽에 있고 오늘날 캐나다에 속하는 뉴펀들랜드섬까지 갔었어요.

> 콜럼버스는 동인도에 도착한 줄 알고 원주민들을 '인디언'이라고 불렀어요.

하지만 콜럼버스가 대항해 시대에 처음으로 아메리카 대륙에 발을 디딘 유럽인은 맞아요. 콜럼버스의 1492년 원정으로 인해 아메리카 대륙의 탐험과 발견, 교역이 시작되었으니까요. 덕분에 유럽인들은 새로운 땅을 얻게 되었고, 아메리카 대륙은 오늘날 세계의 중심이 된 셈이지요.

- 인물의 일생 -

크리스토퍼 콜럼버스

크리스토포로 콜롬보라는 이름을 들어 보았나요? 아마 영어 이름인 크리스토퍼 콜럼버스를 더 많이 들어 봤을 거예요. 그는 1492년에 아메리카 대륙을 발견한 유명한 항해사이자 진정한 탐험가지요. 알고 있었나요? 콜럼버스의 원래 목표는 신대륙이 아니었어요. 《동방견문록》에 황금이 가득한 나라라고 언급된 지팡구(일본)가 목표였대요. 콜럼버스가 그토록 찾던 곳이 일본이었다니, 놀라운 사실이지요?

크리스토퍼 콜럼버스는 1451년에 이탈리아 제노바에서 태어났어요. 다섯 남매 중 장남이었지요. 동생 바르톨로메오도 탐험가였어요.

콜럼버스는 어렸을 때 《동방견문록》을 읽고 또 읽었어요. 이 책은 베네치아 출신의 탐험가 마르코 폴로가 1271년부터 1295년까지 아시아를 누비며 겪었던 모험을 기록한 책이에요. 유럽 사람들은 이 책을 통해서 아시아를 처음 알게 되었어요. 콜럼버스도 《동방견문록》을 읽으면서 천을 짜는 아버지와는 달리 탐험가가 되고 싶어 했지요.

콜럼버스는 에스파냐 여왕의 지원을 받아 아메리카 대륙으로 네 번 항해를 했어요. 1492년에서 1504년까지 쿠바, 아이티, 도미니카공화국에 갔었어요. 또한 자메이카, 푸에르토리코, 세인트마틴섬 등 앤틸리스 제도의 섬 대부분, 그리고 베네수엘라, 온두라스, 파나마까지 갔지요.

하지만 이 과정에서 콜럼버스는 카리브해의 많은 원주민을 노예로 삼았고 이 지역의 천연 자원을 자신과 에스파냐 여왕을 위해 약탈했어요.

1504년에 네 번째 여행에서 매우 쇠약해져 돌아온 콜럼버스는 1506년 5월 20일에 자식들과 동생 바르톨로메오가 지켜보는 가운데 숨을 거두었어요. 현재 그의 유해는 에스파냐의 세비야 대성당에 있는 거대한 관에 보관되어 있어요.

크리스토퍼 콜럼버스

- 인물의 일생 -

닐 암스트롱

"이것은 인간에게는 작은 한 걸음이지만 인류에게는 위대한 도약이다." 이 말은 닐 암스트롱이 지구가 아닌 다른 천체인 달에 발을 디딘 최초의 인간이 되었을 때 한 말이에요.

닐 올던 암스트롱은 1930년 8월 5일에 미국 오하이오주에 있는 와파코네타라는 마을에서 태어났어요. 암스트롱은 아주 어릴 적부터 하늘을 나는 일에 관심이 많았어요. 여섯 살에 처음 비행기를 탔고, 열여섯 살 생일에 항공 조종사 자격증을 땄어요. 운전면허를 따기도 전의 일이었지요.

그는 열일곱 살에 퍼듀 대학에 들어가서 항공학을 공부했어요. 1949년 1월 26일에는 해군에 입대하라는 명령을 받았어요. 그리고 스무 살에 해군 항공대의 조종사 배지를 달았지요.

1950년 한국전쟁이 일어나자 암스트롱은 한국에 파병되었어요. 항공모함 USS 에식스에서 78번이나 출격했지요. 1952년 8월 23일에 해군을 떠나 대학으로 다시 돌아왔고, 1955년에 무사히 학교를 마쳤어요. 이후 1962년, 그는 마침내 미국항공우주국인 나사(NASA)의 우주 비행사가 되었어요.

암스트롱은 두 번의 우주 탐사를 했어요. 1966년에 제미니 8호를 탔고, 그 다음 1969년에 아폴로 11호를 타서 유명해졌지요. 전 세계 사람들은 아폴로 11호 덕분에 인간이 최초로 달에 착륙하는 모습을 볼 수 있었어요. 1969년 7월 16일에 3,000톤 이상 나가는 거대한 새턴 5 로켓이 이륙했어요. 그리고 로켓에 탑재되었던 아폴로 11호가 같은 해 7월 20일 오후 8시 17분에 달에 착륙했지요. 암스트롱은 달에 발을 디딘 최초의 인간이 되었고 그때 저 유명한 말을 남긴 거예요.

역사적인 우주 비행을 마치고 얼마 지나지 않아 암스트롱은 은퇴를 하고는 신시내티 대학에서 학생들을 가르치기 시작했어요. 그리고 2012년 8월 25일에 심장 수술 후유증으로 세상을 떠났답니다. 당시 그의 나이는 여든둘이었어요.

발견한 두 사람

반대로 닐 암스트롱은 달에 처음으로 발을 디딘 사람이에요. 그 대신 인간이 수천 년 동안 지켜봤으니까 달은 아무도 알지 못했던 미지의 땅은 아니었지요. 아메리카 대륙의 발견과 탐험이 1492년에 시작되었다면, 1969년에 일어난 암스트롱의 달 착륙은 미국과 소련이 우주 정복을 위해 경쟁했던 시대의 막을 내리는 사건이었어요.

닐 암스트롱은 지구가 아닌 다른 천체에 두 발을 디디고 선 최초의 인간이 되었어요. 그리고 이런 말을 남겼죠. "이것은 인간에게는 작은 한 걸음이지만 인류에게는 위대한 도약이다." 새로운 항로로 일본에 갈 수 있다고 믿었던 콜럼버스도 아마 같은 생각을 하지 않았을까?

달에서 돌아온 세 명의 우주비행사 암스트롱, 올드린, 콜린스는 하와이 공항 세관에서 검사를 받았어요. 미국 땅에 들어가려는 일반 시민들처럼 여권을 보여 주고 비행기 편명(아폴로 11호)과 경로(출발지 – 달, 도착지 – 호놀룰루), 수하물(달의 돌과 먼지)을 신고했지요.

> 암스트롱은 지구가 아닌 다른 천체에 두 발을 디디고 선 최초의 인간이 되었어요.

지금까지 달에 갔던 사람은 열두 명밖에 없어요. 마지막으로 갔던 유인 우주선은 1972년 12월 11일에 착륙한 아폴로 17호였어요. 다음 목적지는 화성이에요. 미국은 2030년까지 화성 탐험에 성공하는 것을 새로운 도전 과제로 정했다고 해요.

크리스토퍼 콜럼버스
1451~1506

15세기부터 크리스토퍼 콜럼버스, 페르디난드 마젤란, 마르코 폴로, 제임스 쿡 등 유럽인들이 세계 탐험에 나섰고 지도도 제작되었어요. 이를 '대항해 시대'라고 해요. 500년 뒤에는 세계 지도가 완성되었어요.

1492년 아메리카 대륙 발견

1390 · 1400 · 1410 · 1420 · 1430 · 1440 · 1450 · 1460 · 1470 · 1480 · 1490 · 1500

- 476~1492년 – 중세
- 1400~1650년 – 유럽 : 대항해 시대

1454년 인쇄술 발명

1688~1689년 영국의 권리장전 제정

1590 · 1600 · 1610 · 1620 · 1630 · 1640 · 1650 · 1660 · 1670 · 1680 · 1690 · 1700

- 1492~1789년 : 근대
- 1500~1945년 – 식민지 시대
- 1400~1650년 – 유럽 : 대항해 시대

1837년 새뮤얼 모스의 전신기 발명

1865년 미국의 노예제 폐지

1876년 전화 발명

- 1865~1964년 – 미국의 인종 차별

1790 · 1800 · 1810 · 1820 · 1830 · 1840 · 1850 · 1860 · 1870 · 1880 · 1890 · 1900

- 1789~2020년 : 현대
- 1500~1945년 – 식민지 시대

1859년 다윈의 《종의 기원》 출간

1869년 수에즈 운하 개통

레오나르도 다 빈치

- 인물의 일생 -

레오나르도 다 빈치

화가, 발명가, 엔지니어, 과학자, 해부학자, 조각가, 건축가, 식물학자, 음악가, 시인, 작가, 인문주의자에 철학자까지! 놀랍게도 이 모든 직업을 동시에 가진 사람이 있어요. 그의 이름은 레오나르도 다 빈치예요. 진짜 이름은 레오나르도 디 세르 피에로 다 빈치였어요. 그는 1452년 4월 15일에 이탈리아의 피렌체와 가까운 토스카나의 작은 마을 빈치에서 태어났어요.

다 빈치라는 성은 그가 태어난 고향 마을의 이름이에요. 왜 그럴까요? 그 당시에는 부유한 집안만 가족의 성을 만들 수 있었어요. 나머지 사람들은 그냥 태어난 곳의 이름을 붙였고요. 그러니까 '레오나르도 디 세르 피에로 다 빈치'는 '빈치에서 태어난 피에로 씨의 아들 레오나르도'라는 뜻이에요.

레오나르도는 열네 살이 되던 해인 1466년부터 피렌체에서 살기 시작했어요. 그곳에서 그림을 그리면서 그림에 재능이 있다는 걸 알게 되었지요. 열일곱 살에는 피렌체 출신의 화가이자 조각가였던 벨로키오 밑에 들어갔어요. 벨로키오는 레오나르도의 교육에 많은 영향을 끼쳤어요. 그는 레오나르도에게 회화, 스케치, 건축, 조각을 가르쳐 주었어요.

1478년이 되자 레오나르도는 스승을 떠나 독립했어요. 이후 여러 도시에서 일을 했지요. 밀라노에서는 엔지니어이자 화가, 또 궁의 연회를 조직하는 사람으로 일했고, 베네치아에서는 터키의 해상 공격으로부터 도시를 보호하기 위해 군대의 건축가와 엔지니어로 일했지요. 다행히도 터키의 공격은 없었지만요.

1503년 쉰한 살이 된 레오나르도는 피렌체로 돌아가 엔지니어와 도시계획가로 일했어요. 그곳에서 그의 가장 유명한 작품인 〈모나리자〉를 그리기 시작했지요. 〈모나리자〉는 세계적으로도 매우 유명한 작품인데, 레오나르도가 그린 모나리자의 실제 모델이 누구인지는 아무도 몰라요.

1515년에는 프랑스의 왕 프랑수아 1세가 레오나르도를 초청해 프랑스에 살게 했어요. 왕은 그에게 앙부아즈와 가까운 클로 뤼세성을 주었어요. 레오나르도는 그곳에서 살다가 지병으로 인해 1519년, 예순일곱 살의 나이로 세상을 떠났어요.

- 다 빈치 대 잡스 -

시대를 앞서간 레

오나르도 다 빈치는 날지 못하는 헬리콥터, 잠수부를 익사시킬 만한 잠수복, 돌처럼 무거운 낙하산, 달리지 못하는 자동차, 말이 끌지 않으면 꿈쩍도 하지 않는 전차를 발명했어요.

2007년 1월에 아이폰을 대중 앞에 공개했던 날, 스티브 잡스는 수많은 버그 때문에 골머리를 앓았어요. 전화기가 저절로 재부팅되는 바람에 영상을 끝까지 볼 수 없었고, 애플리케이션을 작동시킬 수도 없었지요.

두 사람 다 천재치고는 실수가 너무 많은 거 아니냐고요? 하지만 섣부른 판단은 금물이에요. 다 빈치의 발명품 대부분이 오늘날에도 존재하고, 2017년까지 아이폰은 총 12억 대나 팔렸으니까요.

> 레오나르도 다 빈치의 발명품 대부분이 오늘날에도 존재합니다.
> 다 빈치의 작품들은 혁명과도 같았어요.

과학이 발전하던 16세기에 다 빈치의 작품들은 혁명과도 같았어요. 공기는 밀도가 높지만 받쳐 주는 힘이 없다는 간단한 아이디어에서 출발한 것이 오늘날의 비행기예요. 다 빈치에게 없었던 것은 현대적 소재와 기술이었어요. 실제로 2008년에 스위스의 올리비에 비에티 타파라는 사람이 다 빈치가 고안했던 낙하산을 유연하면서도 가볍고 질긴 소재로 만들어서 실제로 하늘에서 뛰어내렸어요. 그의 실험은 성공적이었지요. 하지만 아쉽게도 다 빈치와 같은 시대를 살았던 사람들은 그의 열정을 알지 못했어요. 그의 열정은 나중에 그가 남긴 메모 수첩들이 연구되면서 더 많이 알려졌어요. 그가 남긴 세상과 자연, 발명품에 관한 글과 그림은 1만 3,000쪽이 넘어요.

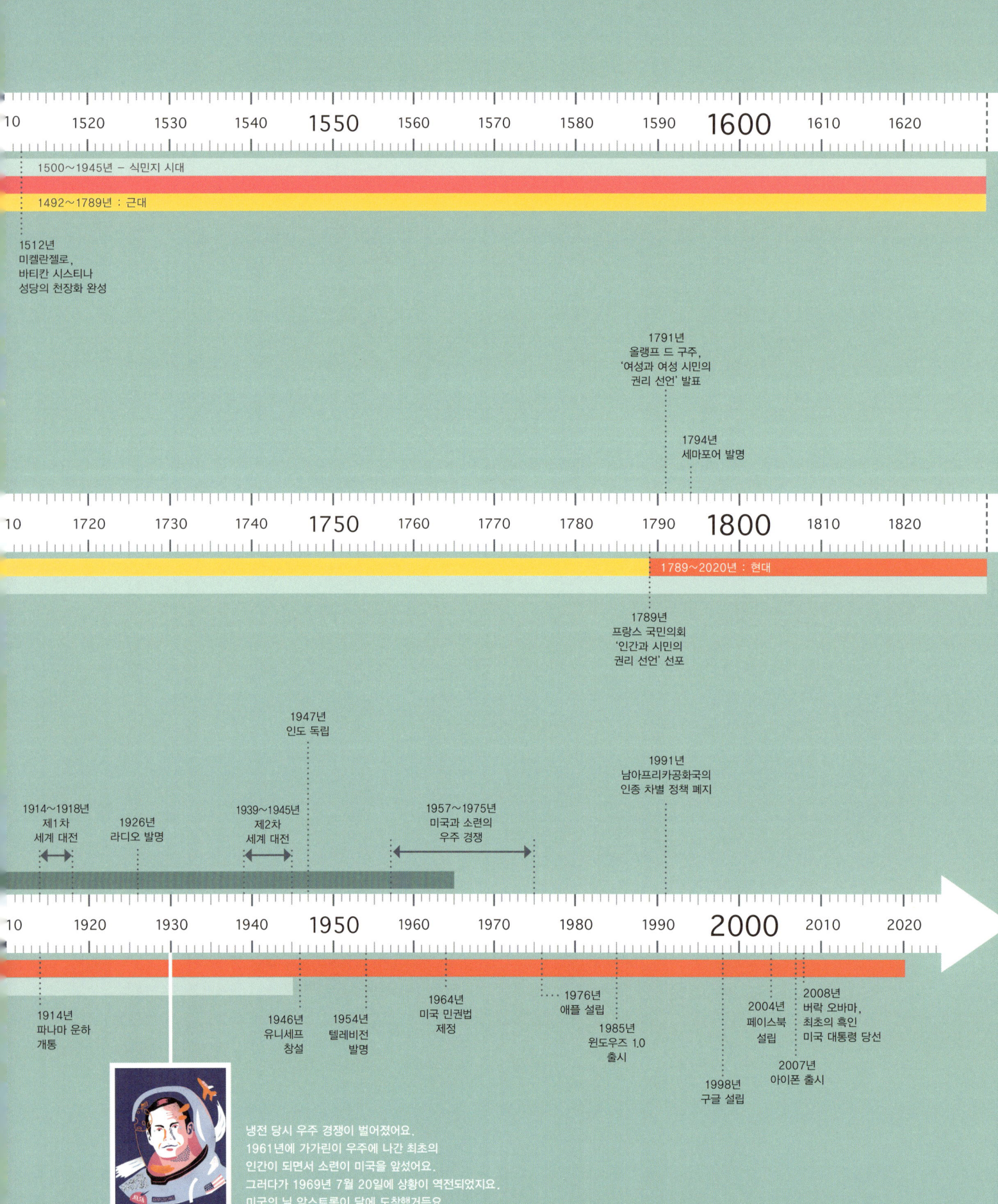

두 사람

2007년은 스마트폰이 대세가 아닐 때였어요. 스티브 잡스는 다른 제조사들은 만들 수 없었던 스마트폰을 개발해 아이폰이라는 상품을 시장에 내놓았어요. 2000년대 초에 가장 인기 있었던 휴대전화는 노키아 3210과 3310이었어요. 두 모델이 약 3억 대 정도 팔렸으니까요. 요즘 휴대전화와 비교하면 화면은 작지만 충격에 강하고 배터리가 몇 주나 지속되었기 때문에 소비자들이 아주 좋아했어요. 2007년에도 노키아 N95, 블랙베리 8300 커브, 팜 센트로 같은 스마트폰이 있었어요. 10년 전만 해도 이 세 모델이 대세였지만 지금은 아무도 기억하지 못해요.

아이폰 이전에도 스마트폰이 있었지만 아이폰이야말로 인터넷을 주머니 안에 쏙 집어넣어 주었어요. 또 수많은 애플리케이션 개발이 가능해졌기 때문에 지금 우리가 자유롭게 트위터도 하고, 모바일 메신저로 실시간 메시지도 보내고, 게임도 하고, 유튜브도 보고, 가끔 전화도 할 수 있는 거예요. ■

> 스티브 잡스의 아이폰은 인터넷을 주머니 안에 쏙 집어넣어 주었어요.

- 인물의 일생 -

스티브 잡스

지금 손 안에 스마트폰이 있나요? 그렇다면 그건 이 기술을 대중화시킨 스티브 잡스 덕분이라고 할 수 있어요.

1955년 2월 24일 미국 샌프란시스코에서 태어난 스티브 잡스는 시리아 출신의 아버지와 스위스계 미국인 어머니를 두었지만 태어나자마자 폴 잡스와 클라라 잡스에게 입양되었어요. 학교에 다니는 동안 잡스는 전자공학에 관심이 많았어요. 열세 살에 휴렛팩커드 사에서 일할 정도였지요. 이 회사는 그 당시에 최초의 개인용 컴퓨터 9100A를 개발 중이었어요. 거대한 계산기를 닮은 기계였지요. 잡스는 같은 관심사를 가진 학교 친구 스티브 워즈니악과 애플을 세웠어요.

1972년에 고등학교를 졸업한 잡스는 대학에 들어갔지만 금세 싫증이 났어요. 그래서 2년 뒤에 부모님 집으로 돌아와 아타리에 취직해요. 아타리는 '퐁'과 '아스테로이드'라는 게임을 개발한 비디오 게임 산업의 선두주자였어요.

애플의 모험은 1976년, 잡스 가족의 차고에서 시작되었어요. 이곳에서 스티브 잡스와 스티브 워즈니악은 최초의 개인용 마이크로컴퓨터인 애플을 개발했지요. 요즘 컴퓨터가 훨씬 성능이 뛰어나지만 당시에는 애플 컴퓨터가 혁명과도 같았어요.

애플은 두 번째 모델 애플 II로 성공을 거두었어요. 잡스는 스물다섯 살에 백만장자가 되었지요. 그는 1985년에 마음에 들지 않는다며 회사를 떠나서 새로운 회사인 넥스트 컴퓨터를 설립해요. 컴퓨터와 소프트웨어를 만드는 회사였어요.

1986년에 잡스는 훗날 애니메이션 〈토이 스토리〉와 〈코코〉로 유명해지는 픽사라는 회사가 될 루카스필름의 컴퓨터그래픽 부서를 인수해요. 자유와 해방을 맛본 잡스는 애플과 이별하지요. 하지만 1997년에 애플은 넥스트를 인수하기로 결정했고, 잡스는 애플의 최고 경영자가 되어요. 애플은 잡스의 지휘 아래 혁신적인 제품을 내놓아요. 1998년에 아이맥 컴퓨터, 2001년에 아이팟과 아이튠즈, 그리고 2010년에 아이패드까지요. 무엇보다 우리의 생활과 소통 방식까지 뒤흔들어 놓은 제품은 2007년에 공개된 아이폰이었어요.

스티브 잡스는 2003년에 자신이 암에 걸렸다는 사실을 알게 되었어요. 몇 년 동안 암에 맞서 열심히 싸웠지만 2011년 10월 5일에 자신의 저택에서 쉰여섯 살의 나이로 세상을 등지고 말았답니다.

크리스토퍼 콜럼버스

1454년
인쇄술 발명

1492년
아메리카 대륙
발견

1390 1400 1410 1420 1430 1440 1450 1460 1470 1480 1490 1500

476~1492년 - 중세

1400~1650년 - 유럽 : 대항해 시대

레오나르도 다 빈치와 크리스토퍼 콜럼버스는 모두 대항해 시대에 유럽에서 살았어요. 그때 르네상스가 유럽에 널리 퍼졌어요. 이 운동 덕분에 예술이 다시 꽃피웠지요. 그래서 미켈란젤로가 1512년에 바티칸의 시스티나 성당에 유명한 천장화를 그렸어요.

레오나르도 다 빈치
1452~1519년

1688~1689년
영국의 권리장전 제정

1590 1600 1610 1620 1630 1640 1650 1660 1670 1680 1690 1700

1492~1789년 - 근대
1500~1945년 - 식민지 시대
1400~1650년 - 유럽 : 대항해 시대

1837년
새뮤얼 모스의
전신기 발명

1865년
미국의 노예제
폐지

1876년
전화 발명

1865~1964년 - 미국의 인종 차별

1790 1800 1810 1820 1830 1840 1850 1860 1870 1880 1890 1900

1789~2020년 : 현대
1500~1945년 - 식민지 시대

1859년 다윈의
《종의 기원》 출간

1869년
수에즈 운하 개통

- 인물의 일생 -

장 물랭

장 물랭은 제2차 세계 대전이 벌어졌을 때 독일 나치에 저항한 프랑스 레지스탕스*의 상징적인 인물이에요. 그는 1899년 6월 20일에 프랑스 남부의 베지에에서 태어나 평화로운 어린 시절을 보냈어요. 일찍이 그림을 무척 좋아했고, 그림에 재능이 많아서 그림을 그려 지역 신문에 팔기도 했어요. 제1차 세계 대전 중이던 1917년, 열일곱 살이던 장 물랭은 몽펠리에 법대에 등록했고 도지사 비서실에 들어갔어요.

물랭은 어른이 되자 전쟁을 외면할 수 없게 되었어요. 물랭은 징병되어 보주 지방에 배치되었어요. 1918년 9월에 전선에 나갈 준비를 했지요. 하지만 두 달 뒤에 휴전 협정이 맺어지면서 가까스로 전쟁을 피했어요.

물랭은 일상으로 돌아갔어요. 도청에 다시 들어갔고 학업도 계속했지요. 그리고 1921년에 법대를 졸업했어요. 1925년에는 프랑스에서 가장 젊은 도지사가 되었고, 그 이후에도 여러 지방에서 도지사를 지냈어요. 서른여덟 살에는 아베롱과 외르에루아르의 도지사로 임명되었지요.

1939년에 제2차 세계 대전이 터졌어요. 물랭은 전쟁에 나가고 싶었지만 장관은 그가 도지사 역할을 계속해 주기를 바랐어요. 1940년 5월부터 독일의 나치 군대가 프랑스를 점령했고 물랭은 1940년 6월 17일에 체포되어 고문을 당했어요.

비시 정부는 그에게 도지사에서 물러나라고 강요했어요. 그러자 물랭은 1941년에 런던으로 건너가 그곳에서 레지스탕스에 참여했지요. 드골 장군은 그에게 레지스탕스 활동을 조율하는 일을 맡겼어요. 물랭은 임무를 완수하기 위해 1942년에 프랑스로 돌아갔어요.

장 물랭은 1942년에 전국레지스탕스평의회를 설립해서 임무를 성공적으로 마쳤어요. 이 단체가 레지스탕스 운동을 통합한 덕분에 독일에게 점령당했던 프랑스가 나중에 승전국이 될 수 있었지요. 1943년 6월 21일 평의회가 모임을 가질 때 나치군이 들이닥쳐 물랭은 체포되고 말았어요. 그러고 나서 게슈타포에게 고문을 당했지요. 끝내 아무런 정보도 넘기지 않았던 그는 1943년 여름에 나치의 손에 의해 목숨을 잃었어요.

*레지스탕스: 권력자나 침략자에 대한 저항 운동. 특히 제2차 세계 대전 중 프랑스에서 일어난 지하 저항 운동을 이르는 말.

- 물랭 대 만델라 -

저항하고 한

사람은 비시 정부에, 또 한 사람은 아파르트헤이트 정책에 저항했어요. 눈치챘겠지만 장 물랭과 넬슨 만델라는 시련에 맞서 꿋꿋이 버틴 인물이라는 공통점이 있어요.

1910년에 대영 제국의 자치령인 남아프리카 연방이 건국되었어요. 그리고 머지않아 인종을 차별하는 최초의 법이 통과되었죠. 흑인들은 정치에서 제외되었고 좋은 직업을 갖지 못했어요. 투표권과 자유롭게 이동할 권리도 빼앗겼지요. 이런 상황에서 1912년에 흑인의 권리를 보호하기 위해 '아프리카국민회의'가 설립되었어요.

장 물랭과 넬슨 만델라는 시련에 맞서 꿋꿋이 버텼어요.

넬슨 만델라는 1943년에 아프리카국민회의에 가입했고, 1952년에 부의장이 되었어요. 아프리카국민회의에서 그는 아파르트헤이트*에 반대하는 시민 불복종 운동을 펼쳤어요. 공개적으로 법을 따르지 않겠다고 선언한 것이지요. 결국 그는 9개월의 징역형을 선고받았고 모든 집회를 금지당했어요.

1955년에 만델라는 남아프리카공화국 국민의 평등을 요구하는 자유헌장을 만드는 데 참여했어요. 평화로운 시위 도중 경찰이 시위자들을 마구 죽이자 만델라는 무기를 들기로 했어요. 그러고는 파괴 행위를 지휘하기 시작했지요. 1961년에서 1963년까지 아프리카국민회의는 190차례나 공격을 감행했고, 그 때문에 이 조직을 테러 단체로 지목한

*아파르트헤이트: 남아프리카공화국의 극단적인 인종 차별적 정책과 제도.

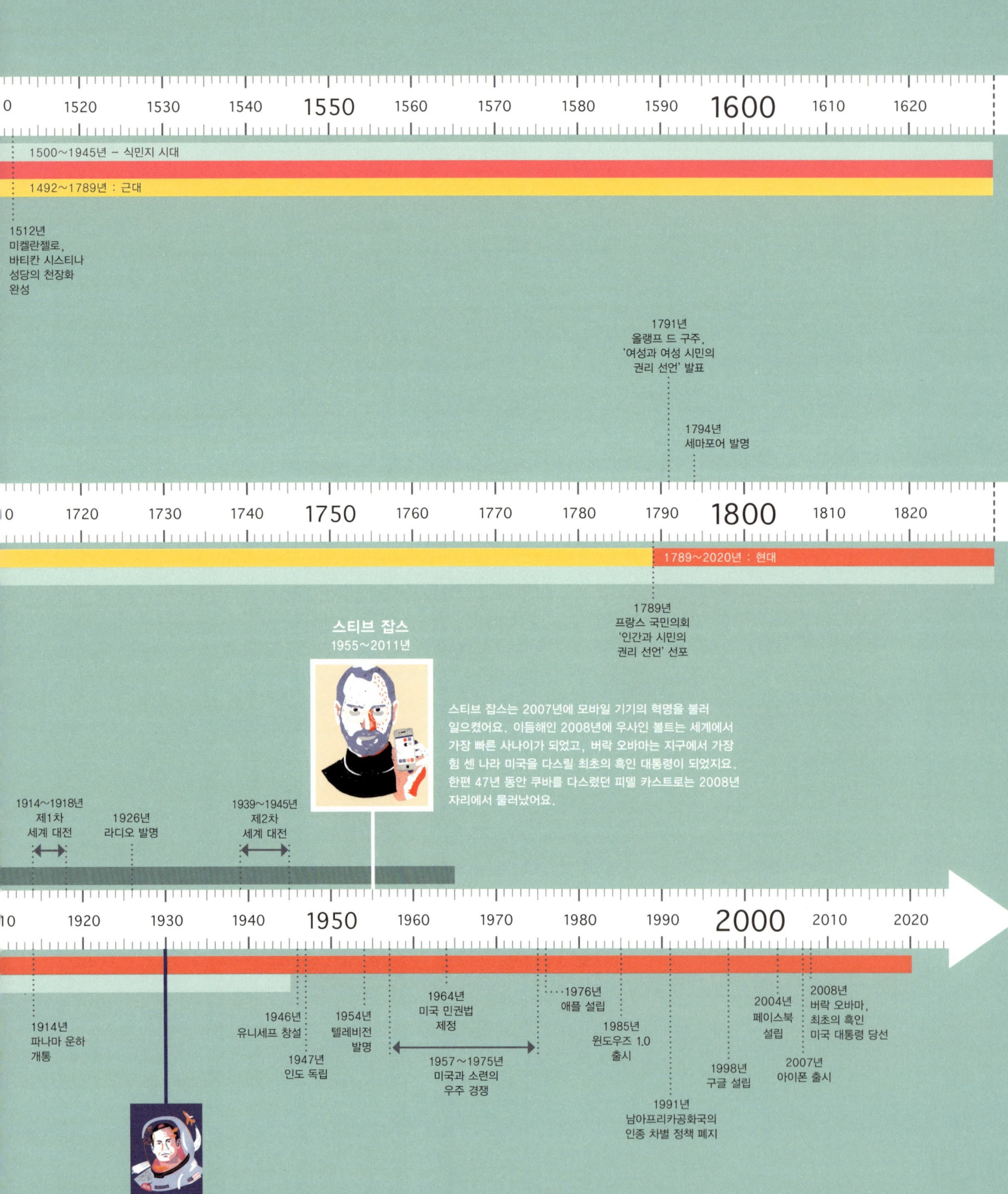

싸운 두 사람

국가가 많았어요. 만델라는 1962년 8월 5일에 체포되었어요. 한참 뒤인 1990년에 석방된 후에야 아파르트헤이트를 평화적으로 폐지시킬 수 있었어요.

장 물랭도 같은 시기에 저항 운동을 펼쳤지만 이유는 달랐어요. 독일 나치 군대가 1940년 5월 10일 서유럽을 침공할 당시 장 물랭은 외르 에 루아르의 도지사였어요. 독일군은 '전격전'이라는 새로운 전략으로 빠르게 프랑스 전선들을 무너뜨렸어요. 결국 6월 14일에 파리가 함락되었지요. 물랭이 있던 도시인 샤르트르도 그 다음날 무너졌고요. 그때 장 물랭은 레지스탕스에 들어갔어요. 6월 17일에 독일 장교들이 도지사인 그를 찾아와 인종 차별적인 문서에 서명하라고 요구했지만 그는 거절했어요. 결국 물랭은 체포되어 고문을 당했어요. 풀려난 다음에는 런던에 있는 드골 장군을 찾아갔지요. 드골 장군은 그에게 프랑스로 돌아가 레지스탕스 운동을 통합하라고 했어요.

1943년 봄이 되자 물랭은 전국레지스탕스평의회를 조직해서 그동안 기울인 노력의 결실을 보았어요. 이 단체는 전국에 퍼져 있는 레지스탕스 조직들을 지휘하고 조율하는 역할을 맡았어요. 목표를 이룬 넬슨 만델라와는 달리 장 물랭은 나치에게 죽임을 당했어요. 그래서 전쟁이 끝난 것도, 1946년에 공화국이 재건되는 것도 보지 못했어요.

> 독일 장교들이 찾아와 인종 차별적인 문서에 서명하라고 요구했지만 장 물랭은 거절했어요.

- 인물의 일생 -

넬슨 만델라

넬슨 만델라의 진짜 이름은 '롤리흘라흘라'예요. 코사족의 언어인데 '말썽꾸러기'라는 뜻이래요. 그는 1918년 7월 18일에 남아프리카공화국의 음베조에서 태어났어요. 형제자매가 열세 명이나 되었으니 가족이 다 모여 밥을 먹을 때면 얼마나 시끌벅적했을까요? 롤리흘라흘라는 집안에서 첫 번째로 초등학교에 들어간 아이였어요. 선생님이 그에게 넬슨이라는 영어 이름을 지어 주었어요. 당시에는 흔한 일이었지요. 1806년에서 1910년까지 남아프리카공화국은 영국의 식민지였거든요. 1910년 이후에는 자치권을 얻었지만 그래도 여전히 대영 제국에 속한 자치령이었어요. 넬슨은 유럽인들이 아프리카인들을 억압하고 점점 더 많은 권리를 빼앗는다는 걸 깨달았어요.

1939년에 만델라는 포트 헤어 대학에 입학해서 법을 공부하기 시작했어요. 그러나 학교에 요구하는 것이 많았던 그는 2학년 때 퇴학당하고 말았지요. 그는 중매결혼을 피하려고 요하네스버그로 도망쳤어요. 그곳에서 아주 바쁘게 살았어요. 법학 공부를 계속하면서 변호사 사무실에서도 일했지요. 1943년에는 국민의 대다수를 이루는 흑인의 이익을 보호하는 아프리카민족회의에 들어갔어요. 이듬해에는 결혼을 했고요.

1948년은 남아프리카공화국과 만델라에게 운명의 해였어요. 선거에서 이긴 국민당이 정권을 잡으면서 아파르트헤이트 정책을 실시하기 시작했거든요. 이때부터 흑인과 백인은 공식적으로 분리되었어요. 만델라는 인종 차별적인 정책에 반대하는 투쟁을 했어요. 그러다가 1962년에 체포되어 징역과 노역에 처해졌어요. 인종 간의 평등을 상징하는 인물이 된 그는 세계적으로도 유명해졌어요.

만델라는 교도소에서 27년 6개월 6일을 보내고 1990년 2월에 석방되었어요. 그날 그는 평화와 백인과의 화해를 주장하는 연설을 했어요. 만델라의 활동과 남아프리카공화국 대통령의 도움으로 아파르트헤이트 정책은 점차 폐지되었어요. 두 사람은 그 공로를 인정받아 1993년에 노벨 평화상을 받았지요.

1994년 4월 27일에는 남아프리카공화국 최초의 보통선거가 치러졌고, 넬슨 만델라가 최초의 흑인 대통령으로 선출되었어요. 그는 1999년에 정계에서 은퇴하고 가족과 더 많은 시간을 보내기 시작했어요. 그리고 2013년에 아흔다섯의 나이로 세상을 떠났어요.

넬슨 만델라

크리스토퍼 콜럼버스

1454년
인쇄술 발명

1492년
아메리카 대륙
발견

1390 **1400** 1410 1420 1430 1440 **1450** 1460 1470 1480 1490 **1500**

476~1492년 - 중세

1400~1650년 - 유럽 : 대항해 시대

레오나르도 다 빈치

1688~1689년
영국의 권리장전 제정

1590 **1600** 1610 1620 1630 1640 **1650** 1660 1670 1680 1690 **1700**

1492~1789년 : 근대

1500~1945년 - 식민지 시대

1400~1650년 - 유럽 : 대항해 시대

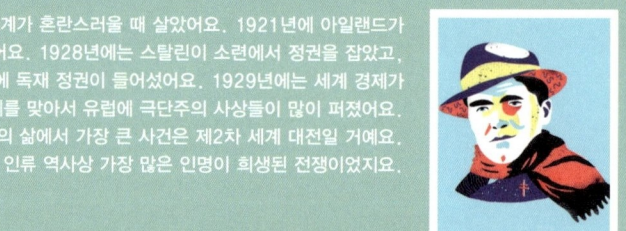

장 물랭
1899~1943년

장 물랭은 세계가 혼란스러울 때 살았어요. 1921년에 아일랜드가
두 나라로 쪼개졌어요. 1928년에는 스탈린이 소련에서 정권을 잡았고,
유고슬라비아에 독재 정권이 들어섰어요. 1929년에는 세계 경제가
심각한 위기를 맞아서 유럽에 극단주의 사상들이 많이 퍼졌어요.
장 물랭의 삶에서 가장 큰 사건은 제2차 세계 대전일 거예요.
인류 역사상 가장 많은 인명이 희생된 전쟁이었지요.

1837년
새뮤얼 모스의
전신기 발명

1865년
미국의 노예제
폐지

1876년
전화 발명

1865~1964년 - 미국의 인종 차별

1790 **1800** 1810 1820 1830 1840 **1850** 1860 1870 1880 1890 **1900**

1789~2020년 : 현대

1500~1945년 - 식민지 시대

1859년 다윈의
《종의 기원》 출간

1869년
수에즈 운하 개통

싸운 두 사람

인종 차별 법에 맞선 간디의 행동은 청원서 제출, 시위, 영국산 제품 불매 운동 등 비폭력적인 방법으로 이루어졌어요. 간디가 인도로 돌아갔을 때 투쟁의 내용은 바뀌었지만 방법은 그대로였어요. 인도의 독립을 위한 비폭력 운동이었지요. 간디는 '사티아그라하'라는 투쟁을 선언했어요. '진리를 찾으려는 노력'이라는 뜻의 사티아그라하는 간디의 비폭력 저항 운동의 철학이에요. 법에 따르기를 거부해서 정부가 법을 폐지하도록 만드는 것이 목표였어요. 그는 국민회의파에 들어가서 정당의 중요한 직책도 맡았어요. 국민회의파는 그가 주장하는 비폭력 원칙에 찬성했던 정당이에요.

> 인종 차별 법에 맞선 간디의 행동은 비폭력적인 방법으로 이루어졌어요.

당시에 인도에는 먹고 살 만큼 농사를 짓지 못하는 농부들이 많았어요. 영국이 옷을 파랗게 물들일 수 있는 트루인디고만 심으라고 했기 때문에 기아와 가난이 더욱 심각해졌지요. 간디는 1918년에 최초의 저항 운동 및 불매 운동을 조직했어요. 영국은 결국 간디 앞에 무릎을 꿇었어요. 간디는 1930년에 다시 한 번 들고 일어나서 400킬로미터에 이르는 해안가를 평화롭게 행진했어요. 영국이 소금을 독점하는 상황을 바꾸기 위해서였지요. 당시 영국은 인도에서 소금 생산과 판매를 금지했어요. 수많은 인도인이 간디의 뒤를 따라 '소금 행진'을 했어요. 이처럼 비폭력적으로 벌인 간디의 저항 운동이 이후 수많은 운동에 영향을 주었어요.

- 인물의 일생 -

로자 파크스

로자 루이즈 매콜리 파크스는 1913년 2월 4일에 미국 앨라배마주에서 태어났어요. 그녀는 열한 살에 흑인 아이들만 다니는 학교에 입학했어요. 그 당시에는 백인과 흑인이 분리되어 살았어요. 어느 분야에서든 흑인이 백인보다 불리했으며, 매일같이 인종 차별을 당했어요. 통학 버스조차 백인들만 탈 수 있었기 때문에 로자 파크스는 걸어서 학교에 다녀야 했어요.

1930년부터 로자 파크스는 재봉사로 일하기 시작했어요. 열아홉 살이 되던 해인 1932년에는 레이먼드 파크스와 결혼했어요. 남편은 시민권을 위해 투쟁하는 사람이었어요. 그는 흑인과 백인이 미국의 시민으로서 똑같은 권리를 누릴 수 있기를 바랐지요. 로자 파크스도 남편을 따라 1943년에 미국민권운동이라는 단체에 가입했어요.

1955년에 로자 파크스는 상징적인 인물로 거듭났어요. 앨라배마주의 몽고메리시에서는 버스의 앞줄은 백인들만 탈 수 있었고, 흑인들은 구석 자리에 앉아야 했어요. 로자 파크스는 어느 날 만원 버스에서 흑인 전용 좌석에 앉아 있었어요. 그때 한 백인이 올라타자 버스 운전사는 그녀에게 자리를 양보하라고 했어요. 정말 해도 해도 너무했지요! 로자 파크스는 운전사의 요구를 거절했어요. 그녀가 부당한 대우에 맞선 건 그때가 처음이 아니었어요. 하지만 그녀는 결국 체포를 당했고 벌금형에 처해졌어요. 그런 로자 파크스를 지지하기 위해서 흑인 지도자들이 몽고메리시의 버스를 타지 말자는 보이콧 운동을 벌였어요. 그중에는 흑인들의 시민권을 위해 비폭력적인 투쟁을 벌이던 마틴 루터 킹 목사도 있었지요. 381일 동안 수천 명의 사람이 버스를 타지 않았어요.

결국 1956년 11월 13일에 미국 대법원은 시가 운영하는 버스에서 흑인과 백인을 분리하는 것은 헌법에 어긋난 행위라는 판결을 내렸어요. 이 사건 이후 로자 파크스는 미국의 인종 차별 퇴치와 시민권 보호를 위한 투쟁의 상징이 되었지요.

1964년, 그러니까 버스 사건이 발생하고 9년이 흐른 뒤에 마침내 투쟁은 결실을 맺었어요. 모든 형태의 인종 차별과 인종 분리를 금지하는 민권법이 채택되었거든요. 로자 파크스는 수많은 살해 위협에도 불구하고 투쟁을 이어갔어요. 특히 주거 접근권의 불평등에 맞서며 차별을 없애려고 애썼어요.

그녀는 2005년 10월 24일에 디트로이트에서 세상을 떠났어요. 수천 명의 사람들이 장례식에 찾아와 그녀에게 경의를 표했지요. 미국 전역에는 조기가 게양되었어요. 몽고메리 버스 회사마저도 버스 앞좌석에 로자 파크스의 사진을 붙여서 그녀에게 마지막 인사를 건넸어요.

크리스토퍼 콜럼버스

1454년
인쇄술 발명

1492년
아메리카 대륙
발견

1390　1400　1410　1420　1430　1440　1450　1460　1470　1480　1490　1500

476~1492년 - 중세
1400~1650년 - 유럽 : 대항해 시대

레오나르도 다 빈치

1688~1689년
영국의 권리장전 제정

1590　1600　1610　1620　1630　1640　1650　1660　1670　1680　1690　1700

1492~1789년 : 근대
1500~1945년 - 식민지 시대
1400~1650년 - 유럽 : 대항해 시대

1837년
새뮤얼 모스의
전신기 발명

1865년
미국의 노예제
폐지

1876년
전화 발명

1865~1964년 - 미국의 인종 차별

1790　1800　1810　1820　1830　1840　1850　1860　1870　1880　1890　1900

1789~2020년 : 현대
1500~1945년 - 식민지 시대

1859년 다윈의
《종의 기원》 출간

1869년
수에즈 운하 개통

간디가 태어난 해인 1869년에 그의 조국 인도는 대영 제국에 속했어요.
그해에 수에즈 운하가 개통되었고, 1881년에는 파나마 운하의 건설이
시작되었어요. 전쟁이 끝난 뒤인 1947년에 식민 강국들은 힘을 잃었고,
인도는 식민에서 벗어난 최초의 국가가 되었어요.

마하트마 간디
1869~1948

장 물랭

- 인물의 일생 -

마하트마 간디

알고 있었나요? '간디'가 '식료품상'이라는 뜻이라는 것을요. 이 이름은 간디의 가족이 상인 계급에 속했기 때문에 지어졌어요. 모한다스 카람찬드 간디는 1869년 10월 2일에 영국령이었던 인도의 포르반다르에서 태어났어요. 그는 힌두교도로 자랐지만 이슬람, 그리고 비폭력과 생명 중시를 가르치는 유대교 등 다른 종교에도 관심을 가졌어요.

간디는 열세 살에 동갑인 카스투르바이와 결혼했어요. 두 집안의 부모들이 정한 결혼이었지요. 인도인들은 지금도 중매결혼을 많이 해요. 간디와 카스투르바이는 운이 좋았어요. 서로 잘 맞았거든요. 카스투르바이는 남편을 끝까지 보살폈어요.

1888년에 열여덟 살이 된 간디는 영국으로 혼자 유학길에 올랐어요. 그곳에서 1891년까지 법학을 공부했어요. 그는 인도로 돌아갔지만 변호사로서 성공하지는 못했어요. 그래서 1893년에 인도 이민자들이 많이 사는 남아프리카공화국으로 가서 통역사로 일했어요. 그곳에서 흑인과 인도인들에 대한 인종 차별을 경험했지요.

그 경험이 발단이 되어서 간디는 이후 20년 동안 남아프리카공화국 정부를 상대로 비폭력 저항과 비협조 운동을 벌였어요. 흑인과 인도인을 차별하는 정책을 없애기 위해서 말이지요. 그러고 나서 간디는 1915년에 인도로 귀국했어요.

제1차 세계 대전이 끝난 뒤에 간디는 인도의 독립을 외쳤어요. 이번에는 영국을 상대로 비폭력 저항과 비협조 캠페인을 벌였지요. 수많은 인도인이 나라의 독립을 바라며 그의 투쟁에 참여했어요. 간디는 여러 차례 체포되었고, 총 6년 동안 감옥살이를 했어요.

간디의 오랜 투쟁은 결국 결실을 맺었어요. 제2차 세계 대전이 끝난 뒤인 1947년 8월 15일에 영국이 인도의 독립을 받아들였거든요. 하지만 독립은 계획대로 진행되지 않았어요. 무슬림과 힌두교도들의 심한 갈등으로 인도가 반으로 갈라졌거든요. 결국 무슬림들은 파키스탄을, 힌두교도들은 오늘날의 인도를 건국했어요.

나라가 반으로 갈리면서 인구가 이동하는 와중에 100~200만 명이 목숨을 잃었어요. 간디는 피비린내 나는 갈등을 막기 위해서 기회가 있을 때마다 무슬림과 힌두교도들 사이에서 중재를 하려고 했어요. 하지만 안타깝게도 1948년 1월 30일에 힌두교 광신도에게 암살당하고 말았어요.

- 간디 대 파크스 -

비폭력으로

미국에서는 노예 제도가 폐지된 뒤에 백인과 흑인을 완벽하게 분리하는 법이 생겼어요. 그래서 백인과 흑인은 결혼할 수도 없었고 교통수단을 함께 탈 수도 없었어요. 로자 파크스는 이런 차별에 맞서 싸우기로 결심했어요. 비폭력적이고 합법적인 방법을 쓰기로 했지요.

이야기는 1943년으로 거슬러 올라가요. 로자 파크스는 유색인의 인권 향상을 위한 국가협회에 가입해서 열심히 활동했어요. 미국의 흑인들은 1870년부터 공식적으로 투표권을 가지고 있었지만 실제로는 흑인의 투표권 행사를 막는 주가 많았어요.

1945년에서야 로자 파크스는 투표를 할 수 있는 선거인단에 이름을 올리는 데 성공했어요. 세 번째 시도였지요. 흑인들의 시민권을 위해 싸운 사람이 로자 파크스만 있는 건 아니었지만 그녀의 행동이 변화의 불씨가 되었지요. 유색인의 인권 향상을 위한 국가협회의 회장은 보석금을 마련해서 그녀를 감옥에서 꺼내 주었고, 인맥을 이용해 흑인 사회를 동원해서 버스 회사를 보이콧했어요. 보이콧은 어떤 부당한 일을 함께 받아들이지 않고 물리치는 걸 말해요. 이 투쟁을 벌인 사람이 바로 마틴 루터 킹 목사였어요. 그는 이때부터 미국 흑인들의 시민권을 위해 벌인 비폭력 투쟁의 상징적인 인물이 되었어요. 게다가 마틴 루터 킹은 간디를 무척 존경했어요.

> 로자 파크스는 비폭력적이고 합법적인 방법으로 차별에 맞서 싸우기로 결심했어요.

간디는 1893년에서 1915년까지 남아프리카공화국에 거주하면서 비폭력 운동을 벌였어요. 그는 정치에 입문하고 나탈인도국민회의를 창당해 인도인들의 권리를 보호하려 했지요. 이 정당은 넬슨 만델라의 아프리카국민회의에도 영감을 주었어요.

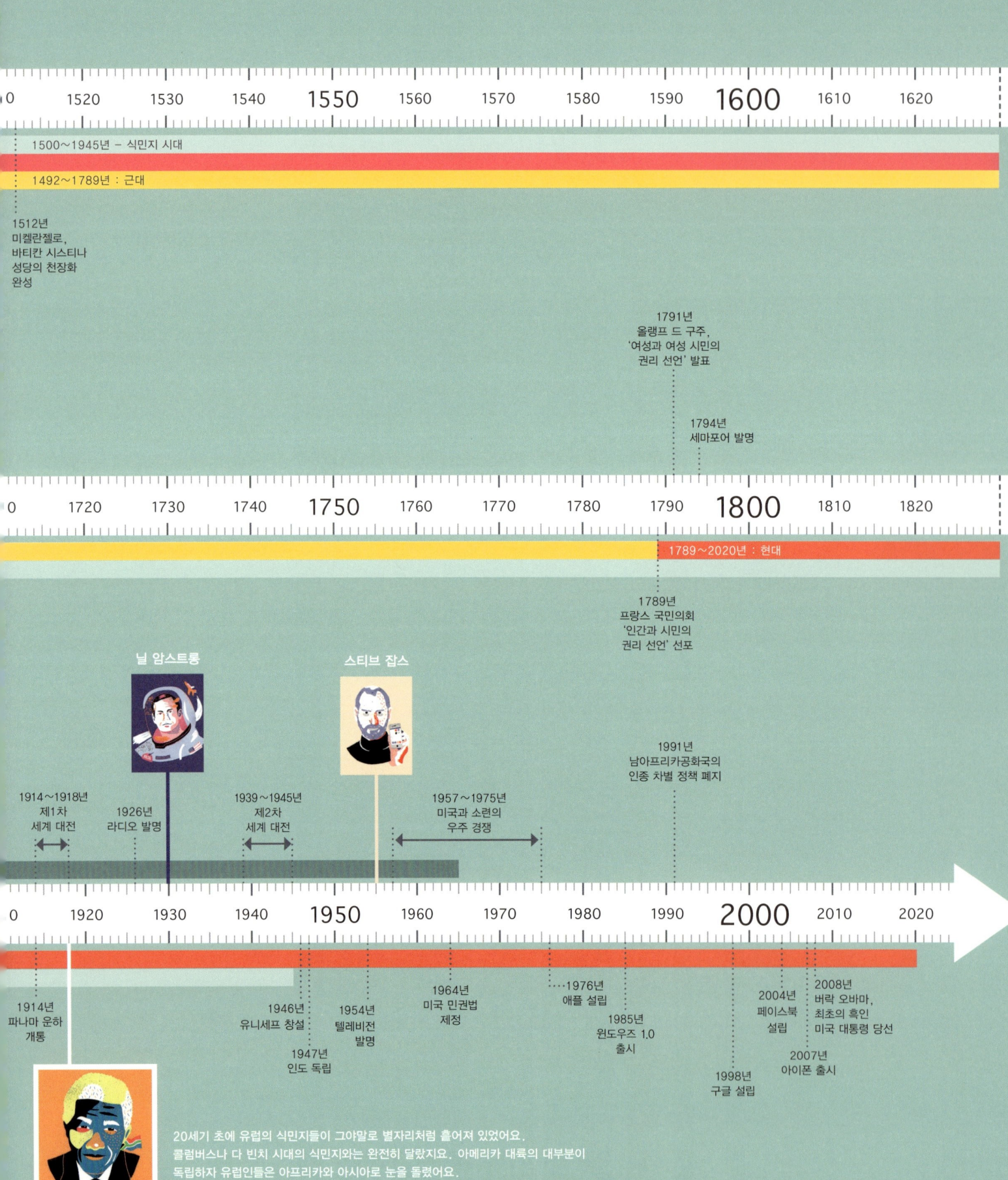

- 인물의 일생 -

마더 테레사

테레사 수녀는 1910년 8월 26일에 오스만 제국의 위스쿱에서 태어났어요. 이름은 아녜즈 곤제 보야지우였지요. 위스쿱은 현재 마케도니아의 수도인 스코페예요. 테레사 수녀의 부모는 딸에게 기독교 정신을 가르쳤어요. 가난한 사람들에게 음식을 나눠 주는 봉사 활동에 함께 데리고 다녔지요.

1928년에 테레사는 열여덟 살이 되었어요. 그녀는 몇 년 전부터 수녀회에 들어가 신을 위해 살아야겠다는 생각을 하고 있었지요. 그래서 어머니에게 허락을 받고 아일랜드로 건너가 로레타 수녀회에서 수녀가 되기 위한 교육을 받기 시작했어요. 그리고 두 달 뒤에 인도의 다르질링으로 파견돼 견습 수녀 생활을 하게 되었어요.

테레사 수녀는 약 2년간의 견습 생활을 거친 후 1931년 5월 25일에 서약을 하고 개명을 했어요. 평소에 존경하던 프랑스의 성녀 테레즈 드 리지외의 이름을 본떠 메리 테레사가 되었지요.

테레사 수녀는 1931년에서 1937년까지 인도의 콜카타에서 교사로 일했어요. 학생 수가 300명이 넘는 학급을 맡았지요. 학생들은 테레사 수녀를 '마'라고 불렀어요. '어머니'라는 뜻이지요. 그래서 '마더 테레사'라고 불리게 된 거예요.

1948년에 테레사 수녀는 "가난한 사람들과 함께 지내면서 그들을 돕겠다."며 수녀회와 수녀원을 떠났어요. 이때부터 파란 줄무늬가 들어간 흰옷을 입기 시작했어요. 사진으로 본 적이 있을 거예요. 테레사 수녀는 빈민촌 아이들을 가르치고, 아픈 환자와 죽어 가는 사람들을 돌보며 그들을 위해 기도했어요. 그녀는 자신을 "하느님의 작은 몽당연필"로 비유하기도 했어요.

1949년에 제자 한 명이 찾아와 마더 테레사와 함께 일했고, 그 뒤로 열 명 이상의 젊은 여성이 찾아왔어요. 1950년 10월 7일에 테레사 수녀는 '사랑의 선교회'를 만들었어요. 가장 가난한 사람들을 대가 없이 돕겠다는 목표를 세웠지요. 테레사 수녀는 1979년 10월 17일에 노벨 평화상을 받았어요. 그녀는 상금을 가난한 사람들을 위해 모두 썼어요. 이 외에도 많은 상을 받았지요. 이후에 사랑의 선교회는 전 세계로 뻗어 갔어요. 지금 활동하는 수녀가 5,000명이 넘어요. 테레사 수녀는 위암으로 1997년 9월 5일, 예순아홉의 나이로 세상을 떠났어요.

- 테레사 대 졸리 -

가난한 사람들을

2010년부터 할리우드에서 출연료를 가장 많이 받는 여배우 중 한 명인 안젤리나 졸리와 가장 가난한 사람들을 도왔던 마더 테레사의 공통점은 무엇일까요? 각자 자기 방식대로 가난한 사람들을 도왔다는 것이에요.

테레사 수녀는 1950년에 옛 제자 몇 명과 힘을 모아 사랑의 선교회를 만들었어요. 그녀는 처음부터 자신의 삶을 최빈곤층을 위해 바치기로 마음먹었어요. 콜카타의 병원들이 모든 환자를 다 받을 수 없다는 걸 깨닫고 1952년에 그들을 받아 줄 수 있는 시설을 열었지요. 그렇지만 테레사 수녀는 고통도 신의 선물이라고 생각했어요. 그래서 시설에 들어온 환자들이 진통제를 아예 받지 못하거나 적게 받았다고 증언하는 자원봉사자가 많았어요.

인도에는 힘든 경제 사정 때문에 부모에게 버림받은 아이가 많았지만 고아원은 별로 없었어요. 테레사 수녀는 여성의 낙태를 반대해서 1955년에 고아원을 설립했어요. 1963년에는 나병 환자들을 치료하는 병원의 폐원에 반대했지만 소용없었어요. 그래서 사랑의 선교회와 함께 환자들을 수용할 센터 건설에 나섰지요. 1965년부터 지금에 이르기까지 사랑의 선교회는 전 세계로 뻗어 나갔어요.

> 마더 테레사는 아픈 사람들을 위해 사랑의 선교회를 만들었어요.

마더 테레사

| 0 | 1520 | 1530 | 1540 | **1550** | 1560 | 1570 | 1580 | 1590 | **1600** | 1610 | 1620 |

1500~1945년 – 식민지 시대
1492~1789년 : 근대

1512년
미켈란젤로,
바티칸 시스티나
성당의 천장화
완성

1791년
올랭프 드 구주,
'여성과 여성 시민의
권리 선언' 발표

1794년
세마포어 발명

| 0 | 1720 | 1730 | 1740 | **1750** | 1760 | 1770 | 1780 | 1790 | **1800** | 1810 | 1820 |

1789~2020년 : 현대

1789년
프랑스 국민의회
'인간과 시민의
권리 선언' 선포

로자 파크스
1913~2005

1944년에 미국에서는 메이저리그 역사상 최초의 흑인 야구 선수로
기록될 재키 로빈슨이 버스에서 흑인 전용인 뒷좌석에 앉는 것을 거부했어요.
1955년에는 열다섯 살 된 여자아이가 백인에게 자리를 양보하지 않겠다고
버텼어요. 아이는 결국 따귀를 맞고 버스에서 내쫓겨 체포되었어요.
몇 달 뒤에 재봉사였던 로자 파크스는 변화를 만들어 가기 시작했어요.

1914~1918년
제1차
세계 대전

1926년
라디오 발명

1939~1945년
제2차
세계 대전

| 0 | 1920 | 1930 | 1940 | **1950** | 1960 | 1970 | 1980 | 1990 | **2000** | 2010 | 2020 |

1914년
파나마 운하
개통

1946년
유니세프 창설

1947년
인도 독립

1954년
텔레비전
발명

1964년
미국 민권법
제정

1957~1975년
미국과 소련의
우주 경쟁

1976년
애플 설립

1985년
윈도우즈 1.0
출시

1991년
남아프리카공화국의
인종 차별 정책 폐지

1998년
구글 설립

2004년
페이스북
설립

2007년
아이폰 출시

2008년
버락 오바마,
최초의 흑인
미국 대통령 당선

넬슨 만델라

닐 암스트롱

스티브 잡스

도운 두 사람

안젤리나 졸리

- 인물의 일생 -

안젤리나 졸리는 전 세계를 누비며 가난한 사람들을 돕고 있어요. 시에라리온, 탄자니아, 태국, 에콰도르, 케냐, 파키스탄, 이란, 시리아, 나미비아의 난민촌을 방문했지요. 왜 이 나라들에 갔느냐고요? 자신의 유명세를 이용해서 대중에게 난민들의 상황을 알리고 싶었기 때문이에요.

> 안젤리나 졸리는 전 세계 가난한 사람을 도와요.

졸리는 2006년에 전 세계에서 발생하는 인도주의적 위기 해결을 지원하고자 브래드 피트와 함께 졸리 피트 재단을 설립했어요. 자연 재해나 전쟁이 일어나면 재단이 인도주의 단체에 자금을 지원하는 형식이에요. 2007년에는 다르푸르 난민들을 돕기 위해 SOS어린이마을과 유엔 난민 기구에 수백만 달러를 기부했어요. 2010년에는 아이티에 대규모 지진이 일어나자 국경없는의사회에도 많은 돈을 기부했지요. 2012년부터 현재까지 그녀는 유엔 난민 고등 판무관*으로 활동하고 있어요.

*유엔 난민 고등 판무관: 유엔 총회에서 임명되어 난민 문제 해결을 위해 각종 지원 활동을 벌이는 사람.

1975년에 미국 로스앤젤레스에서 태어난 안젤리나 졸리는 배우 집안 출신이에요. 아버지는 존 보이트, 어머니는 마셸린 버트런드예요. 부모는 안젤리나 졸리가 두 살이었을 때 이혼했고, 이후 졸리는 엄마와 함께 지냈어요.

안젤리나 졸리가 배우가 되기로 결심했던 건 열한 살 때예요. 그래서 뉴욕에 있는 리 스트라스버그 연기 학교에 다녔어요. 학창 시절은 그리 행복하지 않았어요. 마른 몸과 옷차림, 치아 교정기 때문에 자주 놀림거리가 되었지요.

1993년에 고등학교를 졸업하자마자 영화 〈사이보그2〉로 배우 활동을 시작했어요. 1995년에는 영화 〈해커즈〉에서 처음 주연을 맡았고요.

그 이후로 수많은 영화에 출연했어요. 25년 동안 〈말레피센트〉나 〈미스터 & 미세스 스미스〉 등 50편이 넘는 작품에 출연했지요. 졸리는 이 영화들 덕분에 세계적인 스타가 되었어요.

그녀가 국제적으로 명성을 쌓은 것은 2001년에 개봉한 영화 〈툼레이더〉 덕분이에요. 그녀는 이 영화에서 많은 영향을 받았어요.

졸리는 캄보디아에서 영화를 촬영하는 동안에 인도주의적 문제에 관심을 가지기 시작했어요. 그해에 그녀는 유엔 난민 기구의 홍보대사가 되었어요. 유엔 난민 기구는 전쟁 등의 이유로 고향을 떠난 사람들을 보호하고 그들이 겪는 어려움을 해결하려는 기구예요. 난민은 세계적으로 큰 문제예요. 2017년에 전 세계 난민 수가 2,200만 명에 이른다고 유엔 난민 기구가 밝혔어요. 파리 인구보다 두 배나 많은 수치지요.

안젤리나 졸리는 자녀가 여섯 명이에요. 2002년에 캄보디아에서 아들을 입양했고, 2005년에는 에티오피아 출신의 딸을 입양했어요. 그녀는 세 번 결혼했는데, 같은 헐리우드 스타인 브래드 피트와 2004년 결혼해서 2006년에 딸을 낳았고, 2007년에는 베트남에서 아들을 입양했어요. 그리고 2008년에 쌍둥이 형제를 낳았지요. 브래드 피트와 이혼 후 현재는 혼자서 여섯 아이를 키우고 있답니다.

안젤리나 졸리

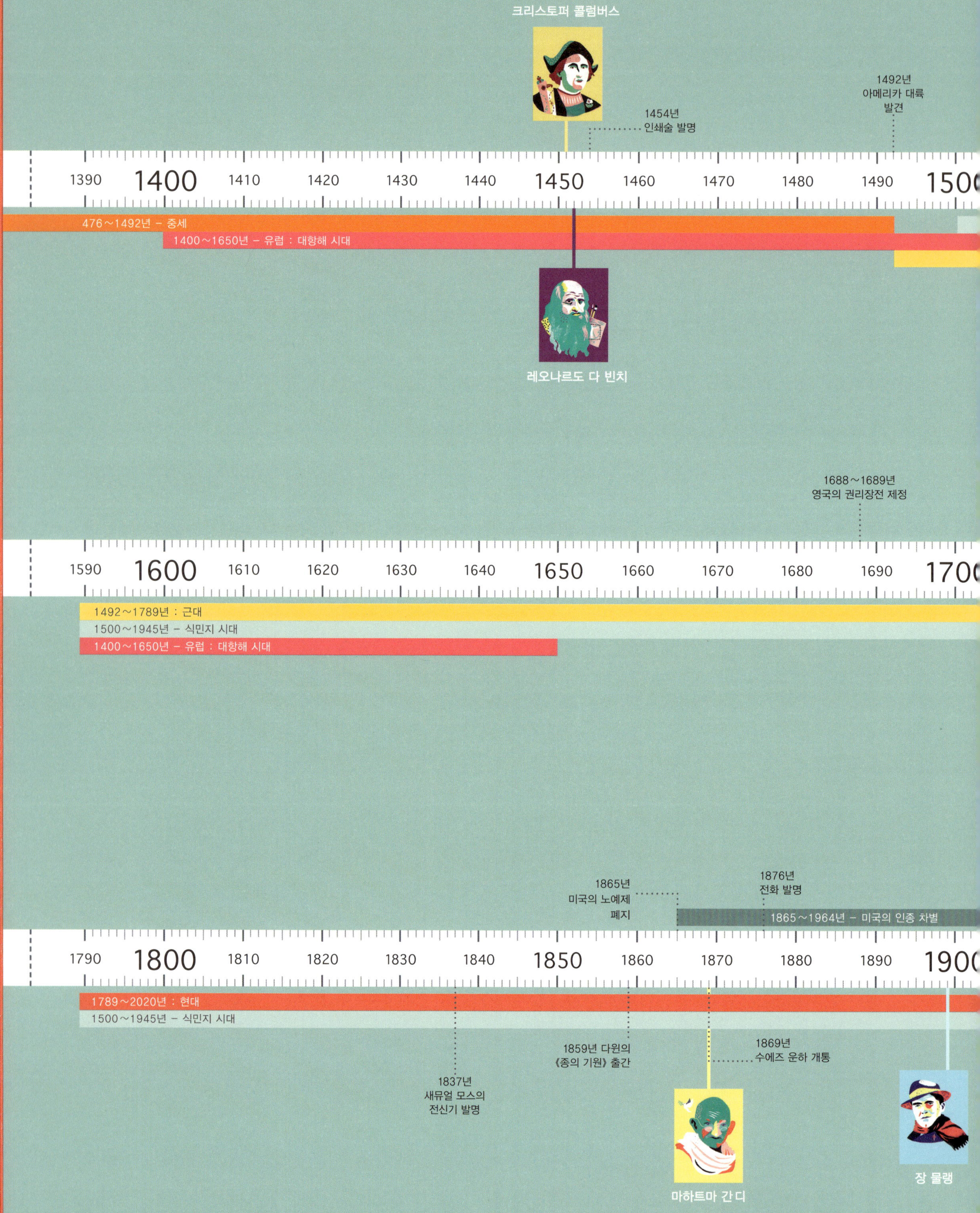

크리스토퍼 콜럼버스
1454년 인쇄술 발명
1492년 아메리카 대륙 발견

476~1492년 - 중세
1400~1650년 - 유럽 : 대항해 시대

레오나르도 다 빈치

1688~1689년 영국의 권리장전 제정

1492~1789년 : 근대
1500~1945년 - 식민지 시대
1400~1650년 - 유럽 : 대항해 시대

1865년 미국의 노예제 폐지
1876년 전화 발명
1865~1964년 - 미국의 인종 차별

1789~2020년 : 현대
1500~1945년 - 식민지 시대

1837년 새뮤얼 모스의 전신기 발명
1859년 다윈의 《종의 기원》 출간
1869년 수에즈 운하 개통

마하트마 간디

장 툴랭

- 인물의 일생 -

요하네스 구텐베르크

우리가 이 책을 손에 들고 있는 건 요하네스 겐스플라이슈 추르 라덴 춤 구텐베르크 덕분이기도 해요. 보통은 요하네스 구텐베르크라는 이름으로 더 잘 알려져 있지요. 구텐베르크는 유럽에서 인쇄술을 발명한 사람이에요. 그가 살던 시대에 독일의 마인츠에서는 아들이 아버지의 성을 물려받지 않았어요. 그래서 가족이 소유한 땅의 이름을 따는 것이 흔했어요. 요하네스 구텐베르크도 그렇게 해서 이름이 지어졌지요. 그는 1400년경에 마인츠 부근에서 태어났어요. 안타깝게도 그의 생애는 잘 알려지지 않았어요. 하지만 좋은 교육을 받았고 대학도 갔던 것으로 보고 있어요.

1434년에서 1448년까지 스트라스부르에서 지내면서 인쇄술을 연구한 구텐베르크는 이후 마인츠로 되돌아가요. 그때 첫 인쇄기를 만들었어요. 그는 기술을 연마하기 위해서 시 같은 짧은 길이의 글을 인쇄하기 시작했어요. 그런데 인쇄기를 만들기 위해 빌렸던 돈을 갚아야 했지요. 그러려면 책을 찍어 팔아야 했고요. 기독교가 우세했던 유럽에서 가장 잘 팔리던 책은 뭘까요? 바로 '성경'이었어요. 1450년경, 구텐베르크는 《구텐베르크 성서》라고도 불리는 《42행 성서》 제작을 시작해요. 이 작품이 최초의 인쇄본 중 하나가 되지요.

1455년 2월 23일은 요하네스 구텐베르크가 성경의 인쇄를 완성한 날로 알려져 있어요. 성경은 180권 인쇄되었고 그중 48권이 오늘날까지 전해져요. 하지만 그 당시에는 큰 성공을 거두지 못해서 구텐베르크는 은행가인 동업자에게 빚을 갚지 못했어요. 동업자는 매우 불쾌해하면서 구텐베르크에게 소송을 걸었어요. 그리고 재판에 이겨서 구텐베르크의 인쇄소를 빼앗았어요. 구텐베르크는 밤베르크라는 도시에서 다시 인쇄소를 차리려 했다는데, 그가 찍은 책에는 날짜를 포함해서 아무런 표기도 되어 있지 않아서 그의 인쇄소에서 찍은 책이라는 점은 확실하지 않아요.

1465년에 마인츠 대주교가 그에게 귀족 작위를 내려주어서 그는 연금을 받을 수 있었어요. 드디어 공로를 인정받은 거예요. 구텐베르크는 1468년 2월 3일에 세상을 떠났어요. 사람들은 그를 마인츠에 묻었지만 그의 무덤은 손실되었어요.

- 구텐베르크 대 저커버그 -

소통의 방식을 획기적으로

구텐베르크와 저커버그는 이름이 'berg'로 끝난다는 공통점 외에도 소통의 방식에 혁명을 불러일으켰다는 공통점이 있어요. 구텐베르크 이전에는 책을 모두 손으로 썼어요. 그래서 많은 사람이 제작에 참여해야 했지요. 양피지 제조인은 동물의 가죽을 벗겨 양피지를 준비했고, 필경사는 양피지 위에 글을 썼어요. 삽화공은 그림을 그려 넣었고, 제본공은 양피지를 한 권으로 묶었어요. 이처럼 중세에 책을 한 권 만든다는 것은 아주 긴 시간이 필요한 작업이었어요. 성경 한 권을 베끼려면 수도사 한 명이 3년 동안 매달려야 했지요. 사실 구텐베르크보다 훨씬 이전에도 인쇄술이 사용되었어요. 인쇄로 책을 만드는 방법은 동양에서 오래 전부터 사용되었지요. 11세기 중국에서는 지폐를 인쇄했고, 6세기부터는 그림을 복제하는 방법을 알고 있었어요. 나무를 이용한 목판술이었지요. 금속 활자를 세계 최초로 발명한 것은 한국이에요. 1377년 인쇄된 '직지'가 바로 그 증거이지요.

그렇다면 왜 그렇게 구텐베르크, 구텐베르크 할까요? 그건 문화사에 끼친 영향 때문이에요. 구텐베르크의 금속 활자 덕분에 인쇄가 아주 쉬워지고 빨라졌어요. 15세기의 유럽에서 인쇄술의 영향은 엄청났어요. 누구나 책을 가질 수 있어서 지식이 더 이상 엘리트 계층의 전유물이 아니었으니까요. 글을 읽게 된 사람들은 교회에 의지하지 않고도 새로운 지식을 쌓을 수 있었어요. 인쇄술이 발명된 뒤부터 1500년까지 유럽에서 1,500만~2,000만 권의 책이 인쇄되었다고 해요.

> 누구나 책을 가질 수 있어서 지식이 더 이상 엘리트 계층의 전유물이 아니었어요.

요하네스 구텐베르크

| 0 | 1520 | 1530 | 1540 | **1550** | 1560 | 1570 | 1580 | 1590 | **1600** | 1610 | 1620 |

1500~1945년 - 식민지 시대
1492~1789년 - 근대

1512년
미켈란젤로,
바티칸 시스티나
성당의 천장화
완성

1791년
올램프 드 구주,
'여성과 여성 시민의
권리 선언' 발표

1794년
세마포어 발명

| 0 | 1720 | 1730 | 1740 | **1750** | 1760 | 1770 | 1780 | 1790 | **1800** | 1810 | 1820 |

1789~2020년 : 현대

1789년
프랑스 국민의회
'인간과 시민의
권리 선언' 선포

로자 파크스   닐 암스트롱   1947년 인도 독립   스티브 잡스   안젤리나 졸리
1975년~

많은 사람과 기구가 불평등을 없애기 위해 싸우고 있어요. 국제 연합은 세계 평화를 수호하는 것 외에도 지속 가능한 개발, 인권, 교육, 기본적인 자유 보장, 남녀평등 문제를 해결하기 위해 노력해요. 안젤리나 졸리를 비롯해서 세계에서 가장 부자인 사람들 중에 불평등을 해결하려는 사람으로는 마이크로소프트 창립자인 빌 게이츠, 페이스북 창립자인 마크 저커버그, 아마존의 창립자인 제프 베이조스가 있어요. 이들은 인도주의적 위기 해결을 위해 수백만 달러를 기부했어요.

1914~1918년
제1차
세계 대전

1926년
라디오 발명

1939~1945년
제2차
세계 대전

| 0 | 1920 | 1930 | 1940 | **1950** | 1960 | 1970 | 1980 | 1990 | **2000** | 2010 | 2020 | →

1914년
파나마
운하 개통

넬슨 만델라

1946년
유니세프 창설

1954년
텔레비전
발명

1964년
미국 민권법
제정

1957~1975년
미국과 소련의
우주 경쟁

1976년
애플 설립

1985년
윈도우즈 1.0
출시

1991년
남아프리카공화국의
인종 차별 정책 폐지

1998년
구글 설립

2004년
페이스북
설립

2007년
아이폰 출시

2008년
버락 오바마,
최초의 흑인
미국 대통령 당선

마더 테레사
1910~1997년

테레사 수녀는 1947년에 공산주의와 자본주의라는 경제 이데올로기로 세계가 양분되는 것을 보았어요. 화해가 불가능할 것 같아 보였던 세상에서 식민지로부터 독립한 신생국들이 제3의 길을 열려고 노력했어요. 이집트와 인도를 중심으로 한 제3세계가 탄생한 것이지요. 그 당시에 유럽의 여러 국가들이 통합을 생각했어요. 1951년에 유럽 석탄 철강 공동체가 창설되었고, 이것이 훗날 유럽 연합으로 가는 첫걸음이었어요.

바꾼 두 사람

그로부터 500년이 지난 뒤에 페이스북이 탄생했어요. 페이스북이 최초의 소셜 네트워크 서비스(SNS)는 아니었어요. 2004년까지는 프렌즈터가 세계 1위였거든요. 그 다음에는 마이스페이스, 하이파이브, 구글 오컷이 대세였어요. 이중 일부는 이미 사라졌고, 나머지는 페이스북에 추월당했어요.

> 페이스북은 설립된 지 16년이 된 지금 거대 기업이 되었어요.

페이스북은 16년이 된 지금 거대 기업이 되었고, 전 세계적으로 사람들이 가장 많이 방문하는 사이트 3위 안에 들어요. 페이스북을 비롯한 SNS는 우리가 소통하는 방식을 바꾸었어요. 어린이부터 노인까지 누구나 페이스북에서 수다를 떨거나 게임을 하거나 영상을 공유해요. 나와 공통점이 많은 사람을 만날 수도 있고, 집 밖으로 나가지 않고도 자신의 삶을 사람들에게 얘기할 수 있어요.

하지만 페이스북과 같은 SNS의 영향력은 문제가 될 수도 있어요. 미국에서 도널드 트럼프 후보가 대통령으로 당선되었을 때 페이스북은 여론을 조작했다는 의심을 받았어요. 수백만 명이나 되는 사용자의 개인 정보를 기업에 팔아서 그 기업들이 투표에 영향을 미칠 수 있는 광고를 내보냈기 때문이에요. 그러니까 페이스북에 무언가를 올릴 때와 게시물에 '좋아요'를 누를 때에는 조심해야 해요.

- 인물의 일생 -

+ 친구 추가

마크 저커버그

마크 엘리엇 저커버그가 누구인지는 몰라도 20억 명이 가입한 그의 SNS를 들어 본 적이 있을 거예요. 한국에서도 가장 많은 가입자 수를 보유한 SNS인데요. 바로 페이스북이지요.

시간을 거슬러 올라가 볼까요? 마크 저커버그는 1984년 5월 14일에 미국 화이트플레인스에서 태어났어요. 그는 중학교 때부터 컴퓨터에 빠져 있었고 그때 이미 소프트웨어를 개발했어요. 그의 열정은 아버지에게서 물려받았어요. 아버지는 그에게 프로그래밍을 가르쳐 주었지요.

2002년에 마크 저커버그는 열여덟 살의 나이로 하버드 대학교에 입학했어요. 그는 콤플렉스도 많고 내성적인 대학생이었지요. 어느 날 밤, 그는 학교 네트워크를 해킹해서 여학생들의 신체에 대해 매겨진 점수를 공개했어요. 이 사건으로 퇴학당할 뻔했고요. 당시 스물두 살이었던 윙클보스 형제가 저커버그의 능력을 알아보고 그에게 연락을 했어요. 그리고 자신들의 계획을 알려주었지요. 형제는 하버드커넥션이라는 사이트를 만들어서 학생들끼리 소통할 수 있기를 바랐어요. 아이디어가 마음에 쏙 든 저커버그는 자신의 플랫폼을 개발하기로 결정했어요.

그렇게 해서 2004년에 페이스북을 만들었어요. 혹시 저커버그가 특정 색을 잘 구분하지 못하는 색맹이라는 걸 알고 있었나요? 그가 가장 잘 구분하는 색은 파란색이에요. 그래서 사이트의 색도 파란색으로 정했지요. 시간이 흐를수록 사이트 접속은 더 많은 사람에게 허용되었어요. 다른 대학교의 학생들, 애플이나 마이크로소프트 같은 기업들, 그리고 2006년에는 대중에게 공개되었어요. 마침내 페이스북은 세계적인 성공을 거두었지요.

저커버그는 겨우 스물세 살에 세계에서 가장 젊은 억만장자가 되었어요. 2010년에는 미국 잡지 〈타임〉이 뽑은 '올해의 인물'과 '세계에서 가장 영향력 있는 인물'로 선정되었고요. 2012년에 그는 소아과 의사인 프리실라 챈과 결혼했고, 두 딸을 두었어요. 저커버그는 2015년에 아내와 함께 '챈 저커버그 이니셔티브'라는 재단을 설립했어요. 평등, 교육, 과학 연구, 보건, 청정 에너지 등이 활동 분야예요.

마크 저커버그

+ 친구 추가

요하네스 구텐베르크
1400~1468

크리스토퍼 콜럼버스

1454년
인쇄술 발명

1492년
아메리카 대륙
발견

1390 **1400** 1410 1420 1430 1440 **1450** 1460 1470 1480 1490 **1500**

476~1492년 – 중세
1400~1650년 – 유럽 : 대항해 시대

인간은 지구에 출현했을 때부터 소통했어요.
선사 시대에는 동굴의 벽과 점토판으로, 그
다음에는 종이와 파피루스, 돌이나 나무에
새긴 조각으로 소통했지요. 유럽에서
인쇄술이 출현하자 사상과 지식의 보급이
혁명적으로 활발해졌어요. 처음으로 사상과
지식을 그리스어나 라틴어가 아니라 쉬운
일상 언어로 습득할 수 있었으니까요.

레오나르도 다 빈치

1688~1689년
영국의 권리장전 제정

1590 **1600** 1610 1620 1630 1640 **1650** 1660 1670 1680 1690 **1700**

1492~1789년 : 근대
1500~1945년 – 식민지 시대
1400~1650년 – 유럽 : 대항해 시대

1865년
미국의 노예제
폐지

1876년
전화 발명

1865~1964년 – 미국의 인종 차별

1790 **1800** 1810 1820 1830 1840 **1850** 1860 1870 1880 1890 **1900**

1789~2020년 : 현대
1500~1945년 – 식민지 시대

1837년
새뮤얼 모스의
전신기 발명

1859년 다윈의
《종의 기원》 출간

1869년
수에즈 운하 개통

마하트마 간디

장 물랭

- 인물의 일생 -

갈릴레오 갈릴레이

별을 쳐다보는 걸 좋아하나요? 그렇다면 갈릴레오 갈릴레이를 알 수도 있겠군요. 갈릴레이는 1564년 2월 15일에 이탈리아의 피사에서 태어났어요. 아버지는 류트 연주자이자 작곡가, 성악가, 음악 교수였어요.

부모님은 갈릴레이를 열 살까지 집에서 교육시켰어요. 그러다가 1574년에 피렌체로 이사간 뒤로 갈릴레이는 수도원 학교를 다녔고 교회에서 일하기 시작했어요. 하지만 그 기간은 길지 않았어요. 아들이 의사가 되기를 바랐던 아버지의 뜻 때문이었지요.

1581년에 갈릴레이는 피사 대학에 입학해서 의학 공부를 시작했어요. 대학에서 4년 동안 공부했지만 그는 도무지 의학에 관심이 가지 않았어요. 그때 천문학과 물리학을 알게 되었고 두 학문에 깊이 빠져서 공부 방향을 바꾸었어요.

1585년에 갈릴레이는 의대를 마치지 않고 피렌체로 돌아왔어요. 학위는 없었지만 수학에 관한 지식을 많이 쌓았지요.

그는 1589년에서 1592년까지 피사 대학에서, 그리고 1592년에서 1610년까지 파도바 대학에서 학생을 가르쳤어요. 그가 중요한 발견을 한 것이 바로 이 시기예요. 그는 쌍안경의 조상인 외눈 망원경을 사용한 최초의 사람 중 한 명이에요. 그는 망원경을 밤하늘로 돌려 달에 수많은 분화구가 있고, 은하수가 사실은 맨눈에 보이지 않는 헤아릴 수 없이 많은 별로 이루어졌다는 사실을 발견했어요.

갈릴레이는 1610년에 목성의 위성인 이오, 유로파, 가니메데, 칼리스토를 발견하기도 했어요. 밤하늘을 관찰하던 그는 태양이 우주의 중심이고, 지구와 다른 행성들은 태양 주위를 돈다고 확신했어요. 이것은 코페르니쿠스가 했던 주장이지요. 이럴 수가! 교회와 당시 과학자 대부분은 지구가 우주의 중심이며 지구 주위를 태양과 다른 행성들이 돈다고 믿었거든요. 이걸 지구중심설이라고 해요. 교회는 갈릴레이가 성경을 부정했다고 비난했어요.

1633년에 갈릴레이는 종교 재판소에 나가서 자신이 했던 말을 부인해야 했어요. 재판소는 그에게 토스카나의 집 밖으로 나가지도 못하고 자신의 사상을 전파하지도 못하게 하는 벌을 내렸어요. 결국 갈릴레이는 죽을 때까지 집에서 살았어요. 1642년 1월 8일에 그는 세상을 떠났고, 그의 사상을 좋아했던 토스카나 대공 페르디난도 2세 데 메디치의 명령에 따라 피렌체의 산타 크로체 성당에 있는 가족묘에 묻혔어요.

- 갈릴레이 대 다윈 -

세상을 보는 방식을

다윈과 갈릴레이는 특별한 공통점이 있어요. 두 아버지 모두 아들이 의사가 되기를 바랐다는 점이에요. 그렇지만 아버지들에게 뜻대로 되지는 않았어요. 다윈과 갈릴레이는 자신들의 운을 믿고 운명을 스스로 개척하기로 했어요. 갈릴레이는 눈을 밤하늘로 돌렸고, 다윈은 땅 위의 동식물에게 돌렸지요. 그 결과는 어땠을까요? 두 사람 모두 사람들이 당연하게 받아들였던 것에 문제를 제기했고, 우리가 세상을 보는 방식을 혁명적으로 바꾸어 놓았어요.

찰스 다윈이 처음으로 진화론을 꺼낸 사람은 아니에요. 장바티스트 라마르크가 생명체의 진화에 관한 이론을 먼저 말했었지요. 하지만 18세기 말에 유럽 사회는 여전히 기독교의 영향을 많이 받았기 때문에 그의 이론은 받아들여지지 않았어요. 다윈이 살았던 19세기에는 교육이 발전했고 성경에 대한 믿음이 점차 진보에 대한 믿음으로 바뀌었어요.

다윈은 오랜 여행 중에 자연 선택을 이해했어요. 태평양의 갈라파고스섬에 내렸던 그는 방울새의 부리가 섬에 따라 다르다는 걸 깨달았어요. 지리적으로 고립되고 먹이가 다르면 조상이 같아도 다르게 진화한다는 결론에 이르렀지요. 그는 십여 종의 방울새를 발견했어요. 부리가 아주 가느다란 방울새는 선인장과 꽃에서 양분을 섭취했고, 부리가 두꺼운 방울새는 씨앗을 부술 수 있었어요. 부리가 뾰족하면 곤충을 더 쉽게 잡았지요. 다윈은 방울새가 진화론을 증명

> 다윈은 방울새의 부리가 섬에 따라 다르다는 걸 깨달았어요.

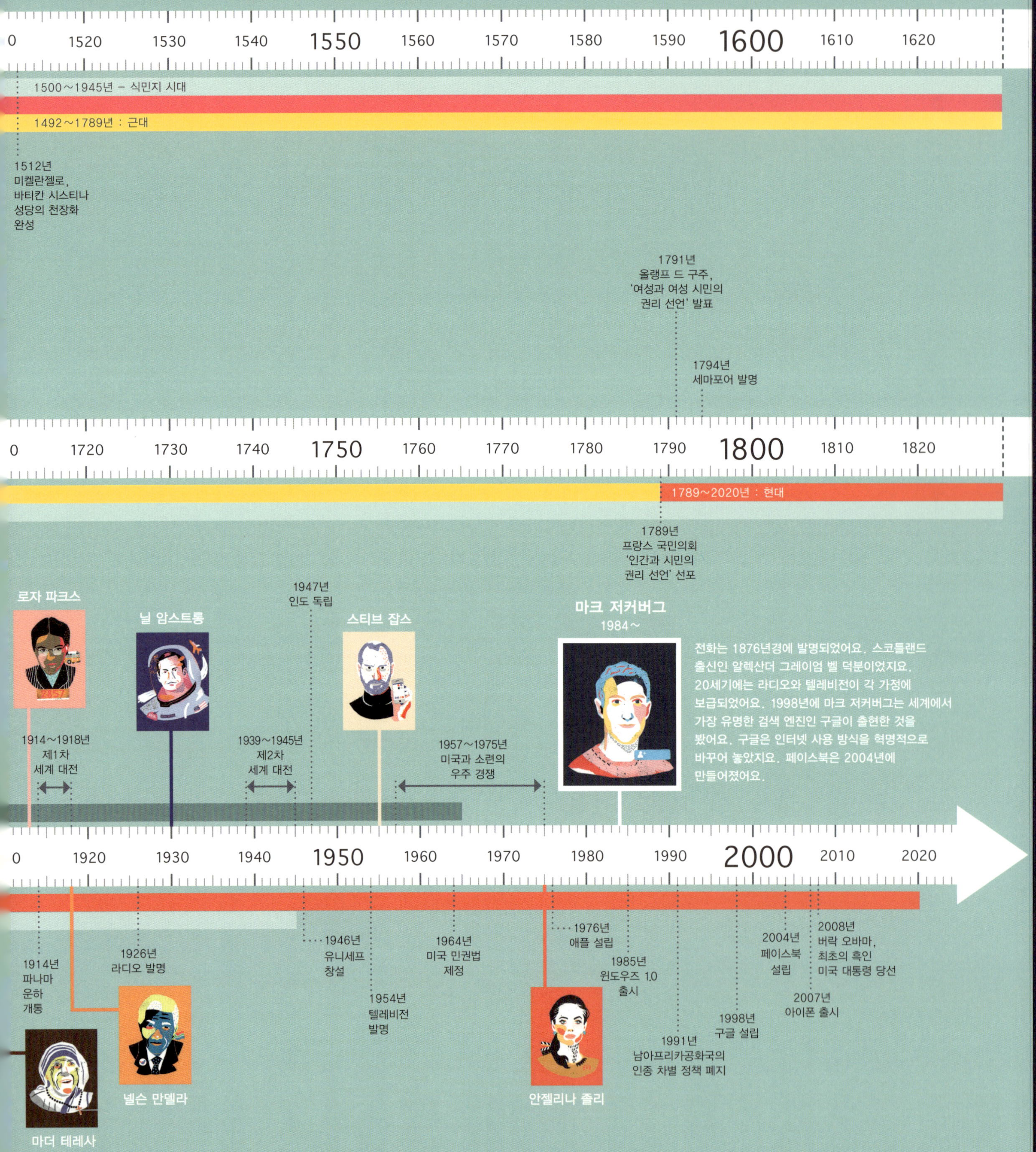

갈릴레오 갈릴레이

| 0 | 1520 | 1530 | 1540 | 1550 | 1560 | 1570 | 1580 | 1590 | 1600 | 1610 | 1620 |

1500~1945년 – 식민지 시대
1492~1789년 : 근대

1512년
미켈란젤로,
바티칸 시스티나
성당의 천장화
완성

1791년
올랭프 드 구주,
'여성과 여성 시민의
권리 선언' 발표

1794년
세마포어 발명

| 0 | 1720 | 1730 | 1740 | 1750 | 1760 | 1770 | 1780 | 1790 | 1800 | 1810 | 1820 |

1789~2020년 : 현대

1789년
프랑스 국민의회
'인간과 시민의
권리 선언' 선포

로자 파크스

닐 암스트롱

1947년
인도 독립

스티브 잡스

마크 저커버그
1984~

전화는 1876년경에 발명되었어요. 스코틀랜드 출신인 알렉산더 그레이엄 벨 덕분이었지요. 20세기에는 라디오와 텔레비전이 각 가정에 보급되었어요. 1998년에 마크 저커버그는 세계에서 가장 유명한 검색 엔진인 구글이 출현한 것을 봤어요. 구글은 인터넷 사용 방식을 혁명적으로 바꾸어 놓았지요. 페이스북은 2004년에 만들어졌어요.

1914~1918년
제1차
세계 대전

1939~1945년
제2차
세계 대전

1957~1975년
미국과 소련의
우주 경쟁

| 0 | 1920 | 1930 | 1940 | 1950 | 1960 | 1970 | 1980 | 1990 | 2000 | 2010 | 2020 |

1914년
파나마
운하
개통

1926년
라디오 발명

1946년
유니세프
창설

1954년
텔레비전
발명

1964년
미국 민권법
제정

1976년
애플 설립

1985년
윈도우즈 1.0
출시

1991년
남아프리카공화국의
인종 차별 정책 폐지

1998년
구글 설립

2004년
페이스북
설립

2007년
아이폰 출시

2008년
버락 오바마,
최초의 흑인
미국 대통령 당선

마더 테레사

넬슨 만델라

안젤리나 졸리

뒤흔든 두 사람

한다고 생각했어요. 처음에 그의 이론은 비난을 받았지만 그의 생각이 맞다고 믿는 과학자들이 점점 늘어났어요.

갈릴레이는 다윈보다 운이 없었어요. 지구가 아니라 태양이 우주의 중심이라는 태양중심설을 주장했지만 17세기에는 아무도 그의 말을 믿지 않았거든요. 오히려 그 이론을 발표했다는 이유로 벌까지 받았어요. 1610년 1월에 갈릴레이는 망원경으로 목성을 관찰해서 위성 4개를 발견했어요. 그래서 확신했지요. 천체들은 지구 주위를 도는 게 아니고, 따라서 지구도 한자리에 고정되어 있지 않다는 것을요. 결국 지구는 우주의 중심이 아니었어요. 하지만 갈릴레이는 이 생각을 증명하지 못했어요. 그래서 당시 과학자들과 교회는 그의 말을 믿으려 하지 않았어요. 갈릴레이는 태양중심설을 절대적인 진리처럼 말했지만 그 당시에는 하나의 가정일 뿐이었어요. 그는 밀물과 썰물 현상으로 이론을 증명하려고 했지요. 지구가 자전하고 태양 주위를 돌기 때문에 밀물과 썰물 현상이 일어나니까요. 하지만 그의 말이 맞다면 밀물이나 썰물이 하루에 두 번이 아니라 한 번만 일어나야 했어요. 달을 계산에 넣어야 한다는 걸 깜박한 것이지요.

그럼에도 갈릴레이의 과학적 업적은 대단해요. 그의 이론은 요하네스 케플러와 아이작 뉴턴에 의해 완성되어요. 케플러는 행성들이 원이 아니라 타원을 그리며 돈다는 사실을 발견했고, 뉴턴은 만유인력 이론을 만들었어요. 만유인력은 이 책을 손에서 놓으면 책이 더 무거운 물체, 즉 지구에게 끌려서 바닥으로 떨어지는 이치를 설명하는 이론이지요. ■

- 인물의 일생 -

찰스 다윈

채집한 동식물이 많나요? 아무리 많아도 찰스 로버트 다윈은 절대 못 이길 거예요. 그는 5년 동안 전 세계를 돌아다니며 약 4,000개의 동식물 표본을 채집해서 영국으로 돌아왔거든요. 그는 평생 동안 자연을 연구하며 자연의 원리를 이해하려고 했어요.

다윈은 1809년 2월 12일에 영국의 부유한 집안에서 태어났어요. 가끔씩 학교 가기 싫을 때가 있지요? 다윈도 그랬어요. 그는 딱정벌레와 광물을 수집하고 새를 관찰하는 걸 더 좋아했어요. 부유한 의사였던 아버지는 아들도 의사가 되기를 바랐어요. 그래서 다윈은 1825년에 스코틀랜드의 에든버러로 떠나요. 하지만 그곳에서 식물학과 자연사 수업을 더 즐겨 들었어요. 그는 1828년 케임브리지 대학으로 전학을 가서 신학을 공부해요. 그리고는 1831년에 학위를 받았지요. 그는 전 세계를 돌아다니고 싶어서 그해에 영국 해군의 선박에 박물학자 자격으로 올라타요. 남아메리카와 남태평양의 여러 섬, 특히 갈라파고스 제도와 오스트레일리아 등을 두루 탐사했어요. 다윈은 여행 중에 발견한 동식물을 묘사하고 목록으로 만드는 일을 맡았어요. 그리고 총 3,907개의 표본을 수집했어요.

1836년 10월에 영국으로 돌아온 그는 유명한 과학자가 되었어요. 그는 관찰을 통해 자연 선택의 원리를 발견했어요. 환경에 가장 잘 적응한 생명체가 살아남아 번식할 가능성이 가장 많다는 이론이지요. 그는 자연 선택이 진화의 원동력이라고 주장했어요. 자연이 진화한다는 생각은 그 당시에 매우 새로운 아이디어였어요. 자연은 신이 창조했을 때와 똑같고 변하지 않는다는 창조론을 주장한 교회와 일부 과학자들과는 완전히 반대되는 생각이었지요.

1859년에 다윈은 자신의 진화 사상을 담은 《종의 기원》이라는 책을 펴냈어요. 교회와 과학자들은 그의 책을 맹렬히 공격했어요. 그럼에도 《종의 기원》에 대한 반응은 엄청났어요. 책이 나오자마자 당일에 모두 매진되었고, 이후에 6판까지 출판되었지요. 그 뒤에도 다윈은 《사육동물의 변이》와 《식물의 운동력》 등 진화와 식물학을 다룬 책을 여러 권 발표했어요. 1882년 4월 19일, 그는 숨을 거두었고 웨스트민스터 사원에 묻혔어요. 다윈이 죽기 얼마 전에서야 과학자 대부분은 오늘날 과학적 진리가 된 그의 이론을 받아들였어요. 다윈의 진화론은 물리학에서의 뉴턴 역학과 함께 그 후의 자연관과 세계관 형성에 큰 영향을 끼쳤어요.

찰스 다윈

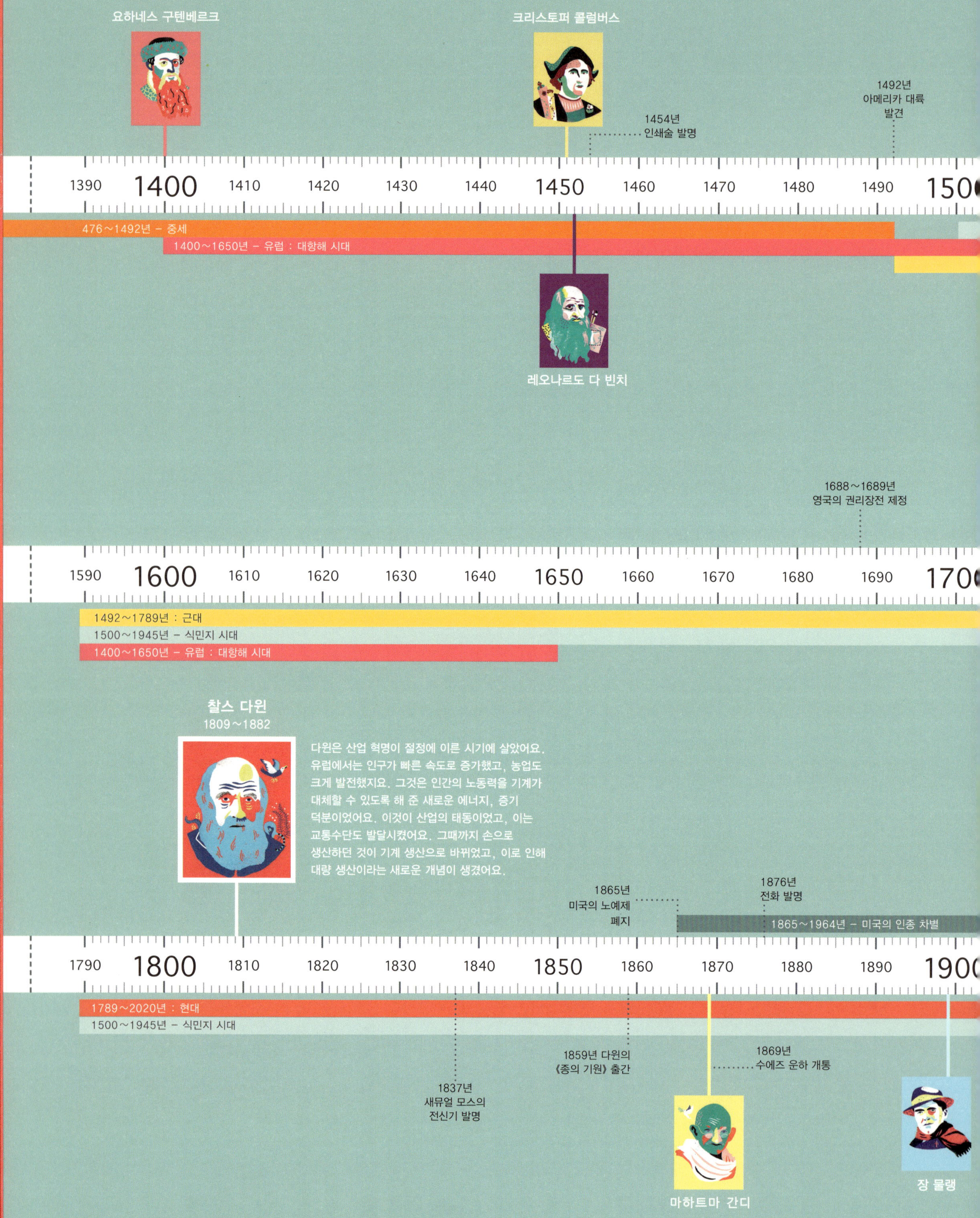

요하네스 구텐베르크

크리스토퍼 콜럼버스

1454년
인쇄술 발명

1492년
아메리카 대륙
발견

1390　1400　1410　1420　1430　1440　1450　1460　1470　1480　1490　1500

476~1492년 - 중세
1400~1650년 - 유럽 : 대항해 시대

레오나르도 다 빈치

1688~1689년
영국의 권리장전 제정

1590　1600　1610　1620　1630　1640　1650　1660　1670　1680　1690　1700

1492~1789년 : 근대
1500~1945년 - 식민지 시대
1400~1650년 - 유럽 : 대항해 시대

찰스 다윈
1809~1882

다윈은 산업 혁명이 절정에 이른 시기에 살았어요. 유럽에서는 인구가 빠른 속도로 증가했고, 농업도 크게 발전했지요. 그것은 인간의 노동력을 기계가 대체할 수 있도록 해 준 새로운 에너지, 증기 덕분이었어요. 이것이 산업의 태동이었고, 이는 교통수단도 발달시켰어요. 그때까지 손으로 생산하던 것이 기계 생산으로 바뀌었고, 이로 인해 대량 생산이라는 새로운 개념이 생겼어요.

1865년
미국의 노예제
폐지

1876년
전화 발명

1865~1964년 - 미국의 인종 차별

1790　1800　1810　1820　1830　1840　1850　1860　1870　1880　1890　1900

1789~2020년 : 현대
1500~1945년 - 식민지 시대

1837년
새뮤얼 모스의
전신기 발명

1859년 다윈의
《종의 기원》 출간

1869년
수에즈 운하 개통

마하트마 간디

장 물랭

- 인물의 일생 -

올랭프 드 구주

올랭프 드 구주는 1748년 5월 7일에 프랑스 남부의 몽토방이라는 지역에서 태어났어요. 가난한 집안에서 태어난 그녀의 이름은 원래 마리 구주였어요. 그녀의 어린 시절은 잘 알려지지 않았어요. 어머니는 안올랭프 무이세였지만 아버지가 누구였는지는 확실하지 않아요. 푸줏간 주인이거나 변호사로 알려진 피에르 구주가 아버지라는 말도 있었지만 훗날 올랭프 드 구주는 자신이 장자크 르프랑 드 퐁피냥이라는 시인이자 귀족의 사생아라고 말했어요.

열일곱 살이 된 올랭프 드 구주는 부모의 강요에 못 이겨 루이이브 오브리와 결혼했어요. 그는 음식점 주인이었고 그녀보다 서른 살이나 많았어요. 올랭프 드 구주는 열여덟 살에 어머니이자 과부가 되었어요.

스무 살 무렵에는 다시 연인을 만나 새로운 삶을 꿈꾸며 파리로 올라왔어요. 그녀는 작가가 되고 싶었지요. 그리고 결혼이 '신뢰와 사랑의 무덤'*이라고 생각해서 재혼하지 않기로 마음먹었어요. 게다가 프랑스에서는 남편의 허락 없이는 여자가 작품을 출간할 수 없었거든요. 이때 그녀는 마리 구주라는 이름을 버리고 올랭프 드 구주로 살아가기로 결심했어요. 그래서 이 이름으로 글도 쓰고 희곡도 썼지요.

올랭프 드 구주는 서둘러 극단을 만들고 희곡을 썼어요. 가장 유명한 작품은 〈자모르와 미르자 혹은 행복한 침몰〉이었어요. 무슨 말인지 모르겠지요? 당연해요. 올랭프 드 구주는 왕실의 검열을 피하려고 일부러 제목을 알쏭달쏭하게 지었어요. 원래 제목은 '흑인들의 노예화 혹은 행복한 침몰'이었어요. 이 희곡을 통해 그녀는 그 당시에 흔했던 노예 제도를 고발했어요.

1789년에 프랑스에서는 대혁명이 일어났어요. 이때 새로 구성된 의회인 국민의회가 '인간과 시민의 권리 선언'을 작성했지요. 하지만 이 문서에는 여성이 단 한 번도 거론되지 않았어요. 그래서 올랭프 드 구주는 1791년에 원래 선언문에 여성을 넣어서 '여성과 여성 시민의 권리 선언'을 작성했어요.

1793년에 공화정은 1년이 채 안 되었기 때문에 아직 약하고 미숙했어요. 공화정을 지키기 위해 왕당파를 마구잡이로 죽이기 시작했어요. 이것이 공포정치예요. 올랭프 드 구주는 대량 학살과 공화정을 비난했고, 그 죄로 1793년 7월 20일에 체포되었어요. 사형 선고를 받은 그녀는 1793년 11월 3일, 마흔다섯 살의 나이에 단두대의 이슬로 사라졌어요.

*올랭프 드 구주, '여성과 여성 시민의 권리 선언'의 후문, 1791년.

- 구주 대 왓슨 -

여성의 권리를 위해

수백 년 동안 많은 여성과 남성이 남녀의 평등한 권리를 위해 싸웠고, 그 투쟁은 지금도 계속되고 있어요. 올랭프 드 구주는 최초의 페미니스트로 여겨지기도 해요. 페미니스트란 여성이 사회에서 하는 역할과 누리는 권리가 개선되도록 투쟁하는 사람을 말해요. 페미니스트의 목적은 남녀평등을 실현하는 것이에요. 그녀는 한 연설에서 "여성은 단두대에 오를 권리가 있다. 그러니 여성은 연단에 오를 권리도 가져야 한다."라는 유명한 말을 남겼지요.

평등을 위한 싸움 말고도 올랭프 드 구주는 이혼할 권리, 종교적 결혼의 폐지, 혼외 자녀의 인정, 어머니를 보호하는 제도를 위해 싸웠어요. 오늘날의 프랑스에서는 완벽하지는 않더라도 그녀의 바람이 대부분 이루어졌어요.

> 올랭프 드 구주는 최초의 페미니스트로 여겨져요.

그러나 남녀 사이에 심각한 불평등이 존재하는 국가가 아직 많아요. 그래서 엠마 왓슨 같은 사람들이 여성의 권리를 증진시키기 위해 나서는 거예요. 엠마 왓슨은 일찍이 여자아이들의 교육에 관심을 가졌어요. 방글라데시와 잠비아 같은 가난한 나라를 찾아가서 자신의 유명세를 이용해 국제 사회의 관심을 끌어냈지요.

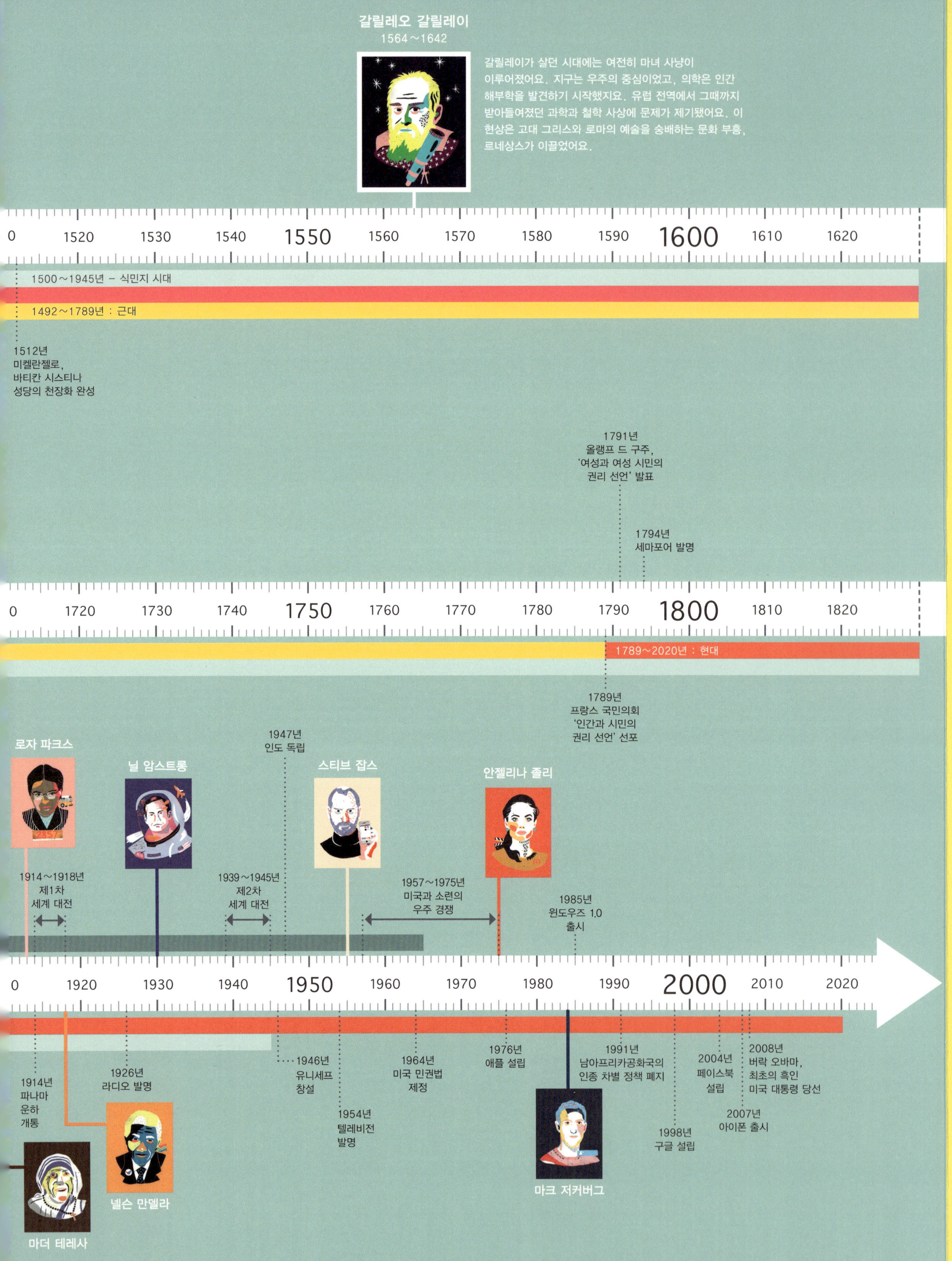

갈릴레오 갈릴레이
1564~1642

갈릴레이가 살던 시대에는 여전히 마녀 사냥이 이루어졌어요. 지구는 우주의 중심이었고, 의학은 인간 해부학을 발견하기 시작했지요. 유럽 전역에서 그때까지 받아들여졌던 과학과 철학 사상에 문제가 제기됐어요. 이 현상은 고대 그리스와 로마의 예술을 숭배하는 문화 부흥, 르네상스가 이끌었어요.

1500~1945년 – 식민지 시대
1492~1789년 : 근대

1512년 미켈란젤로, 바티칸 시스티나 성당의 천장화 완성

1791년 올랭프 드 구주, '여성과 여성 시민의 권리 선언' 발표

1794년 세마포어 발명

1789~2020년 : 현대

1789년 프랑스 국민의회 '인간과 시민의 권리 선언' 선포

로자 파크스
닐 암스트롱
1947년 인도 독립
스티브 잡스
안젤리나 졸리

1914~1918년 제1차 세계 대전
1939~1945년 제2차 세계 대전
1957~1975년 미국과 소련의 우주 경쟁
1985년 윈도우즈 1.0 출시

1914년 파나마 운하 개통
1926년 라디오 발명
1946년 유니세프 창설
1964년 미국 민권법 제정
1954년 텔레비전 발명
1976년 애플 설립
1991년 남아프리카공화국의 인종 차별 정책 폐지
2004년 페이스북 설립
2008년 버락 오바마, 최초의 흑인 미국 대통령 당선
1998년 구글 설립
2007년 아이폰 출시

마더 테레사
넬슨 만델라
마크 저커버그

올랭프 드 구주

싸운 두 사람

- 인물의 일생 -

엠마 왓슨

엠마 왓슨은 2014년 9월에 미국 워싱턴주에 있는 국제 연합 본부에서 훌륭한 연설을 했어요. 그녀는 전 세계 여성과 남성을 향해 평등 실현을 우선순위로 삼자고 호소했어요. 이 책을 읽는 여러분은 아마 남녀가 똑같은 권리를 갖는 걸 당연하다고 생각할지 모르겠어요. 그것도 틀린 말은 아니지만 아직 갈 길이 멀답니다. 예를 들어 프랑스에서는 아직까지 한 번도 여성 대통령이 선출된 적이 없어요. 남녀평등을 위한 투쟁은 1789년에 프랑스 대혁명과 함께 시작되어 지금도 여전히 계속되고 있어요. 마치 긴 마라톤과 같아요. 프랑스에서 남녀가 평등하다는 원칙이 법에 명시된 것은 불과 2014년의 일이에요.

직업과 능력이 똑같을 때 여성이 남성보다 임금을 평균 20퍼센트 더 적게 받아요. 매일 부딪히는 여성에 대한 편견도 아직 셀 수 없이 많아요. 여자는 패션, 로맨스 소설, 승마를 좋아해야 한다고 하고, 남자는 럭비, 무술, 비디오 게임을 좋아해야 한다고 말해요. 하지만 좋아하는 것을 자신의 취향과 관심에 따라 선택할 수 있어야 진정한 자유이지요.

> 엠마 왓슨은 전 세계 여성과 남성을 향해 평등 실현을 우선순위로 삼자고 호소했어요.

아시오! 윙가르디움 레비오사! 마법사들의 음료인 냄비로 만든 버터맥주! 맞아요. 이번에는 영화 〈해리 포터〉에 나온 배우, 엠마 왓슨에 대해 알아볼 거예요. 왓슨은 1990년 4월 15일 프랑스 파리에서 태어났어요. 왓슨은 2001년에서 2011년까지 〈해리 포터〉 시리즈 여덟 편에서 세 명의 주인공 중 한 명인 헤르미온느 그레인저 역할을 맡아서 세계적으로 유명해졌어요. 왓슨의 부모님은 프랑스에서 활동하는 영국인 변호사들이에요. 그녀에게는 남동생 한 명, 이복 남동생 한 명, 이복 여동생 두 명이 있어요.

왓슨은 다섯 살에 부모님이 이혼하면서 파리를 떠났어요. 엄마와 함께 영국 옥스퍼드로 돌아갔지요. 그곳에서 그녀는 '드래곤 스쿨'이라는 마법 같은 이름의 학교를 다녔어요. 물론 선생님들은 마법사가 아니었고 학교도 평범한 사립 학교였지요.

1999년 왓슨이 학교를 다니던 중에 〈해리 포터와 마법사의 돌〉 캐스팅이 시작되었다는 소식을 들었어요. 그녀는 여덟 번의 오디션을 거쳐 3만 5,000명의 지원자를 물리치고 당당히 어린 헤르미온느 그레인저의 역할을 거머쥐었어요. 그때가 열 살이었지요. 영화가 대성공을 거두자 학교에서는 그녀가 사인을 원하는 친구들에게 괴롭힘을 당하지 않도록 신경을 써 주었어요. 왓슨은 배우로서 성공을 거두었지만 학업도 게을리하지 않았어요. 2014년에는 브라운 대학을 졸업했지요.

2018년에 스물여덟 살이 된 엠마 왓슨은 〈미녀와 야수〉(2017)를 비롯해 약 스무 편의 작품에 출연했어요. 맡았던 역할마다 상도 받았지요. 또한 '러브 프롬 엠마'라는 의류 브랜드도 만들었어요.

2014년 7월에 그녀는 방글라데시와 잠비아를 방문해서 여자아이들이 학교 교육을 받을 수 있도록 돕는 캠페인을 벌였어요. 이때 국제 연합의 친선 대사로 임명되었어요. 그녀는 현재 여성의 경제 및 정치 활동 참여를 늘리기 위해 싸우고 있어요. 또 전 세계 여성의 삶의 조건 개선에도 기여하고 있고요.

2014년 9월 20일부터 엠마 왓슨은 여자아이와 남자아이의 평등을 위한 연대 캠페인을 적극적으로 벌이고 있어요. '히포쉬(HeForShe)' 캠페인의 목표는 여성의 인권과 남녀평등을 위한 싸움에 남성의 참여를 유도하는 것이에요.

엠마 왓슨

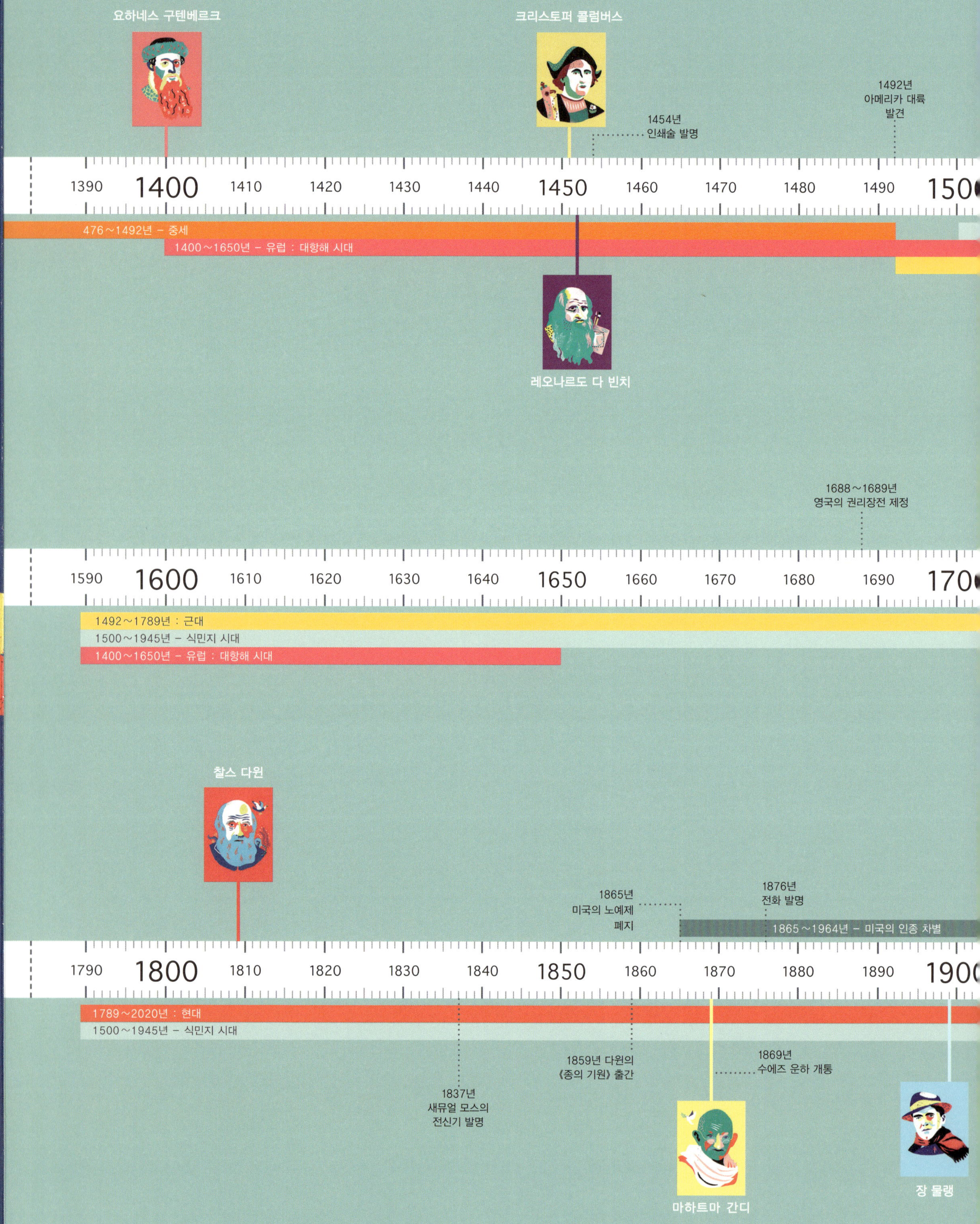

요하네스 구텐베르크

크리스토퍼 콜럼버스

1454년
인쇄술 발명

1492년
아메리카 대륙
발견

1390　1400　1410　1420　1430　1440　1450　1460　1470　1480　1490　1500

476~1492년 – 중세
1400~1650년 – 유럽 : 대항해 시대

레오나르도 다 빈치

1688~1689년
영국의 권리장전 제정

1590　1600　1610　1620　1630　1640　1650　1660　1670　1680　1690　1700

1492~1789년 : 근대
1500~1945년 – 식민지 시대
1400~1650년 – 유럽 : 대항해 시대

찰스 다윈

1865년
미국의 노예제
폐지

1876년
전화 발명

1865~1964년 – 미국의 인종 차별

1790　1800　1810　1820　1830　1840　1850　1860　1870　1880　1890　1900

1789~2020년 : 현대
1500~1945년 – 식민지 시대

1837년
새뮤얼 모스의
전신기 발명

1859년 다윈의
《종의 기원》 출간

1869년
수에즈 운하 개통

마하트마 간디

장 물랭

- 인물의 일생 -

어밀리아 에어하트

나중에 세계 기록을 세우고 싶거든 어밀리아 에어하트를 모델로 삼아 보세요. 어떤 인물인지 궁금하지요? 그녀는 1897년 7월 24일에 미국 캔자스주에서 태어났어요. 어릴 때부터 나무에 올라가고, 총으로 쥐를 사냥하고, 영화, 엔지니어링, 법 등 남성이 지배하던 분야에서 성공한 여성들을 다룬 기사를 모으는 게 취미였어요.

어밀리아 에어하트가 고등학교를 졸업한 해인 1915년에는 제1차 세계 대전이 한창일 때였어요. 그녀는 캐나다 토론토에 가서 유럽에서 부상당하고 돌아온 상이군인들을 위해 자원봉사를 했어요.

스물세 살이 되었을 때 처음으로 비행기에 올랐지요. 그것은 운명이었어요. 그녀는 자신이 조종사가 되기 위해 태어났다는 걸 깨달았어요. 그래서 1921년 1월부터 비행술 수업을 듣기 시작했어요. 그리고 여러 가지 일을 동시에 해서 여섯 달 만에 자신의 첫 비행기를 구입했어요. 밝은 노란색의 비행기에 '카나리아'라는 별명을 붙였지요. 그녀가 1922년 10월 22일에 고도 4,300미터까지 날아오르면서 첫 기록을 세울 때에도 카나리아를 탔지요.

1927년에 찰스 린드버그가 대서양 무착륙 횡단에 최초로 성공했어요. 에어하트는 똑같은 기록을 세우는 최초의 여성이 되고 싶었어요. 다섯 명의 여성 조종사가 이미 시도를 했지만 모두 실패했거든요.

에어하트는 1928년에 첫 번째 비행을 시도했어요. 하지만 실망스러운 비행이었어요. 사실 안전 문제로 비행기에 두 명의 남성 조종사가 함께 탔었고 그녀는 승객 신세였거든요. 아무튼 세 사람은 미국에서 열렬한 환영을 받았어요. 에어하트는 1932년에 다시 한 번 비행에 나섰어요. 이번에는 혼자서요. 그래서 여성으로서는 최초, 그리고 남성과 여성을 통틀어서는 두 번째로 대서양 단독 횡단에 성공했어요. 그 이후로도 그녀는 여러 기록을 세웠어요.

1937년에는 마지막 도전을 시도했어요. 비행기로 세계 일주를 하는 첫 번째 여성이 되고 싶었거든요. 그런데 1937년 7월 2일, 그녀는 비행 도중에 실종되었어요. 수색대가 곧바로 파견되었지만, 비행기도, 에어하트도, 동승했던 항법사도 흔적을 찾을 수 없었어요. 3년 뒤에 태평양 한가운데에 떠 있는 무인도 니쿠마로로섬에서 사람의 뼈와 여성의 신발 한 짝이 발견되었어요. 하지만 그것이 에어하트의 것인지는 확인할 수 없었지요. 2017년에 미국의 한 인류학자는 발견된 뼈가 그녀의 것이 맞을 확률이 99퍼센트라고 주장했어요.

- 에어하트 대 바움가르트너 -

세계적인 기록을 짜

릿함을 느끼고 싶나요? 그렇다면 잘 찾아왔어요. 어밀리아 에어하트와 펠릭스 바움가르트너는 100년이라는 시간 간격을 두고 세계 기록을 세운 사람들이니까요. 에어하트는 스물다섯 살에 고도 4,300미터를 비행한 최초의 여성이 되었어요. 그녀의 가장 큰 업적은 1932년 5월 20일에 이루어졌어요. 캐나다의 뉴펀들랜드 래브라도주에서 이륙해 14시간 56분 동안 단독 비행 후 북아일랜드에 착륙했던 거예요. 이렇게 해서 그녀는 대서양을 비행기로 횡단한 최초의 여성이 되었어요. 그런데 그게 다가 아니에요.

1935년 1월에 에어하트는 여성 최초로 하와이의 호놀룰루에서 미국 캘리포니아주 오클랜드까지 단독 비행을 성공시켰어요. 비행 거리가 4,000킬로미터나 되었는데, 그 당시 비행기는 기름을 많이 실을 수도 없었어요. 에어하트는 장거리 비행 경기에 자주 나가서 속도와 거리 기록을 여러 번 깨뜨렸어요. 하지만 비행기로 세계 일주를 하겠다는 가장 야심찼던 계획은 그녀의 마지막 계획이 되어 버렸어요. 비행은 1937년 5월 20일에 시작되었어요. 에어하트와 그의 항법사는 미국을 횡단해서 브라질로 내려가 대서양을 건너 아프리카로 향했어요. 아라비아반도를 거쳐 인도와 오세아니아로 날아갔지요. 비행은 순조로웠고 이제 도착지도 얼마 남지 않았어요. 그런데 7월 2일에 태평양에서 비행기가 갑자기 사라졌어요. 하와이로 향하기 전에 기름을 넣으려고 하울랜드섬으로 향하던 길이었지요. 며칠에 걸쳐 수십 대의 비행기와 선박이 수색에 나섰지만 결국 에어하트를 찾는 데 실패했어요.

> 에어하트와 바움가르트너는 100년이라는 시간 간격을 두고 세계 기록을 세운 사람들이에요.

어밀리아 에어하트

연표

갈릴레오 갈릴레이

0 · 1520 · 1530 · 1540 · **1550** · 1560 · 1570 · 1580 · 1590 · **1600** · 1610 · 1620

- 1500~1945년 – 식민지 시대
- 1492~1789년 – 근대

1512년
미켈란젤로,
바티칸 시스티나
성당의 천장화 완성

올랭프 드 구주
1748~1793

올랭프 드 구주가 태어난 1748년에는 계몽 운동이 사회를 조금씩 변화시키던 때였어요. 계몽 운동은 종교가 아닌 이성을 통해 사고하는 문학 및 문화 운동이에요. 1776년에 아메리카에서 일어난 혁명으로 미국이 건국되었어요. 미국은 프랑스의 계몽 운동에 영향을 받아서 개인의 자유를 가장 큰 이상으로 천명했어요. 몇 년 뒤에는 프랑스 대혁명이 시작되면서 사람들은 다시 한 번 인권에 관심을 쏟기 시작했어요.

1791년
올랭프 드 구주,
'여성과 여성 시민의
권리 선언' 발표

1794년
세마포어 발명

0 · 1720 · 1730 · 1740 · **1750** · 1760 · 1770 · 1780 · 1790 · **1800** · 1810 · 1820

- 1789~2020년 : 현대

1789년
프랑스 국민의회
'인간과 시민의
권리 선언' 선포

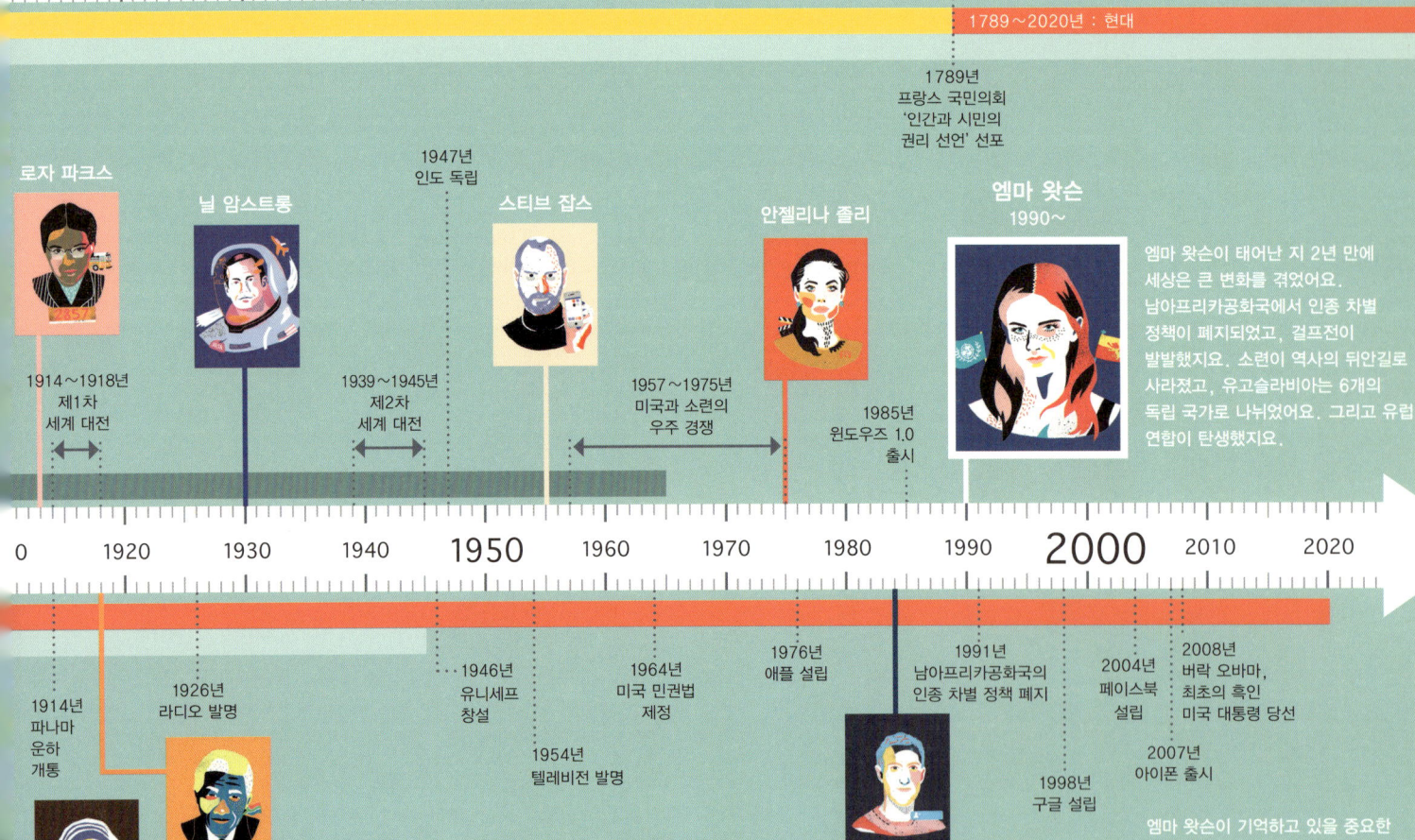

로자 파크스

닐 암스트롱

1947년
인도 독립

스티브 잡스

안젤리나 졸리

엠마 왓슨
1990~

엠마 왓슨이 태어난 지 2년 만에 세상은 큰 변화를 겪었어요. 남아프리카공화국에서 인종 차별 정책이 폐지되었고, 걸프전이 발발했지요. 소련이 역사의 뒤안길로 사라졌고, 유고슬라비아는 6개의 독립 국가로 나뉘었어요. 그리고 유럽 연합이 탄생했지요.

1914~1918년
제1차
세계 대전

1939~1945년
제2차
세계 대전

1957~1975년
미국과 소련의
우주 경쟁

1985년
윈도우즈 1.0
출시

0 · 1920 · 1930 · 1940 · **1950** · 1960 · 1970 · 1980 · 1990 · **2000** · 2010 · 2020

1914년
파나마
운하
개통

1926년
라디오 발명

1946년
유니세프
창설

1954년
텔레비전 발명

1964년
미국 민권법
제정

1976년
애플 설립

1991년
남아프리카공화국의
인종 차별 정책 폐지

1998년
구글 설립

2004년
페이스북
설립

2007년
아이폰 출시

2008년
버락 오바마,
최초의 흑인
미국 대통령 당선

마더 테레사

넬슨 만델라

마크 저커버그

엠마 왓슨이 기억하고 있을 중요한 사건 중에는 3,000명 이상의 목숨을 앗아간 9·11 테러 사건이 있어요. 미국 영토에서 일어난 테러 공격으로 월드 트레이드 센터의 쌍둥이 빌딩이 무너졌지요.

- 인물의 일생 -

펠릭스 바움가르트너

세운 두 사람

펠릭스 바움가르트너도 위험을 즐겼어요. 바움가르트너는 열여섯 살부터 스카이다이빙을 했고, 서른 살부터는 기록을 세우기 시작했지요. 1999년에 그는 말레이시아 쿠알라룸푸르의 페트로나스 트윈 타워에서 낙하산을 타고 뛰어내렸어요. 그렇게 해서 베이스 점핑 세계 기록을 세웠지요. 같은 해에 리우데자네이루에 있는 예수상의 손바닥에서 뛰어내려서 반대로 가장 낮은 곳에서 뛰어내린 베이스 점핑 세계 기록을 세웠어요. 참 대단하지요? 그런데 여기서 끝이 아니에요.

바움가르트너는 2003년에 영국 도버 상공 9,000미터에서 스카이다이빙을 시도했어요. 비행기에서 뛰어내린 그는 프랑스 칼레 상공 1,000미터에서 낙하산을 펼쳤지요. 그렇게 해서 자유 낙하로 영불해협을 건넌 최초의 남성으로 기록되었어요. 그 이후로도 프랑스의 미요 대교, 스웨덴의 터닝 토르소, 당시 세계 최고층 빌딩인 타이완의 타이페이 101에서 뛰어내렸지요. 바움가르트너는 위험한 스포츠를 정말 좋아했어요. 그의 전성기는 2012년 10월이었어요. 하루 만에 네 개의 신기록을 세웠거든요. 그중 몇 개는 이미 깨지기도 했지만요. 2014년에 구글 부사장이었던 앨런 유스터스도 바움가르트너처럼 성층권에서 뛰어내렸는데 고도가 더 높은 41킬로미터였지요.

> 에어하트는 대서양을 비행기로 횡단한 최초의 여성이 되었어요.

> 바움가르트너는 자유 낙하로 영불해협을 건넌 최초의 남성으로 기록되었어요.

펠릭스 바움가르트너가 지구 상공 39킬로미터에서 자유 낙하하는 영상을 본 적이 있나요? 그곳은 높은 성층권이어서 산소통이 있어야 숨을 쉴 수 있어요. 바움가르트너는 이 낙하로 세계 기록을 세우면서 유명해졌어요.

그는 1969년 4월 20일에 오스트리아의 잘츠부르크에서 태어났어요. 아주 어렸을 때부터 하늘을 날아다니는 상상을 즐겼지요. 열여섯 살이 되던 해에 그는 낙하산을 타고 떨어지는 스카이다이빙을 처음 해 봤어요. 그 이후에는 자유 낙하에 매료되었지요.

학교를 졸업한 바움가르트너는 자동차 정비공으로 일했고, 모토크로스 경기에도 참가했어요. 그러다가 열여덟 살에 군대에 입대했어요. 군대에서 낙하산 부대원이 된 그는 그 기회를 이용해 실력을 더 쌓았어요. 낙하산을 타고 뛰어내리는 것도 좋았지만 바움가르트너는 더 강한 자극을 원했어요. 그래서 베이스 점핑을 시작했지요. 베이스 점핑은 탑이나 동상 같은 특이한 장소에서 뛰어내린 다음 낙하산을 펼쳐 착륙하는 스포츠예요.

1996년에 그는 미국에 있는 뉴 리버 고지 다리에서 처음으로 베이스 점핑을 했어요. 이 다리는 미국에서 가장 높고 세계적으로는 프랑스의 미요 대교에 이어 두 번째로 높은 다리예요.

바움가르트너는 1997년에 프로 베이스 점핑 선수가 되면서 많은 기록을 세웠어요. 세상에서 두 번째로 높은 다리에서 뛰어내린 것으로 만족할 수 없었던 그는 2004년에 결국 미요 대교에서 뛰어내렸어요. 그는 레드불과 계약을 맺어서 세계에서 가장 높은 곳에서 뛰어내려 세계 기록을 세우는 계획을 지원받기로 했어요. 그리고 2010년부터 과학자들과 함께 이 계획을 준비했지요. 2년 뒤에 시험 낙하를 먼저 하고, 2012년 10월 14일에 드디어 헬륨으로 띄운 열기구에서 뛰어내렸어요.

그날 그는 신기록 네 개를 세웠어요. 열기구를 타고 상공 39킬로미터에 올랐고, 38킬로미터 상공에서 뛰어내렸으며, 36킬로미터를 자유 낙하했고, 시속 1,342킬로미터의 속도로 떨어졌어요. 이건 여객기보다 더 빠른 속도예요! 그는 자유 낙하를 하면서 음속보다 더 빠르게 이동한 최초의 인간이 되었지요. 이후 바움가르트너는 익스트림 스포츠를 그만두기로 마음먹었어요. 뉘르부르크링 24시 같은 자동차 경주에는 여전히 참가하지만 말이에요. 현재 그는 스위스에 살면서 좋아하는 낙하산과 헬리콥터와 관련된 일을 하고 있어요.

펠릭스 바움가르트너

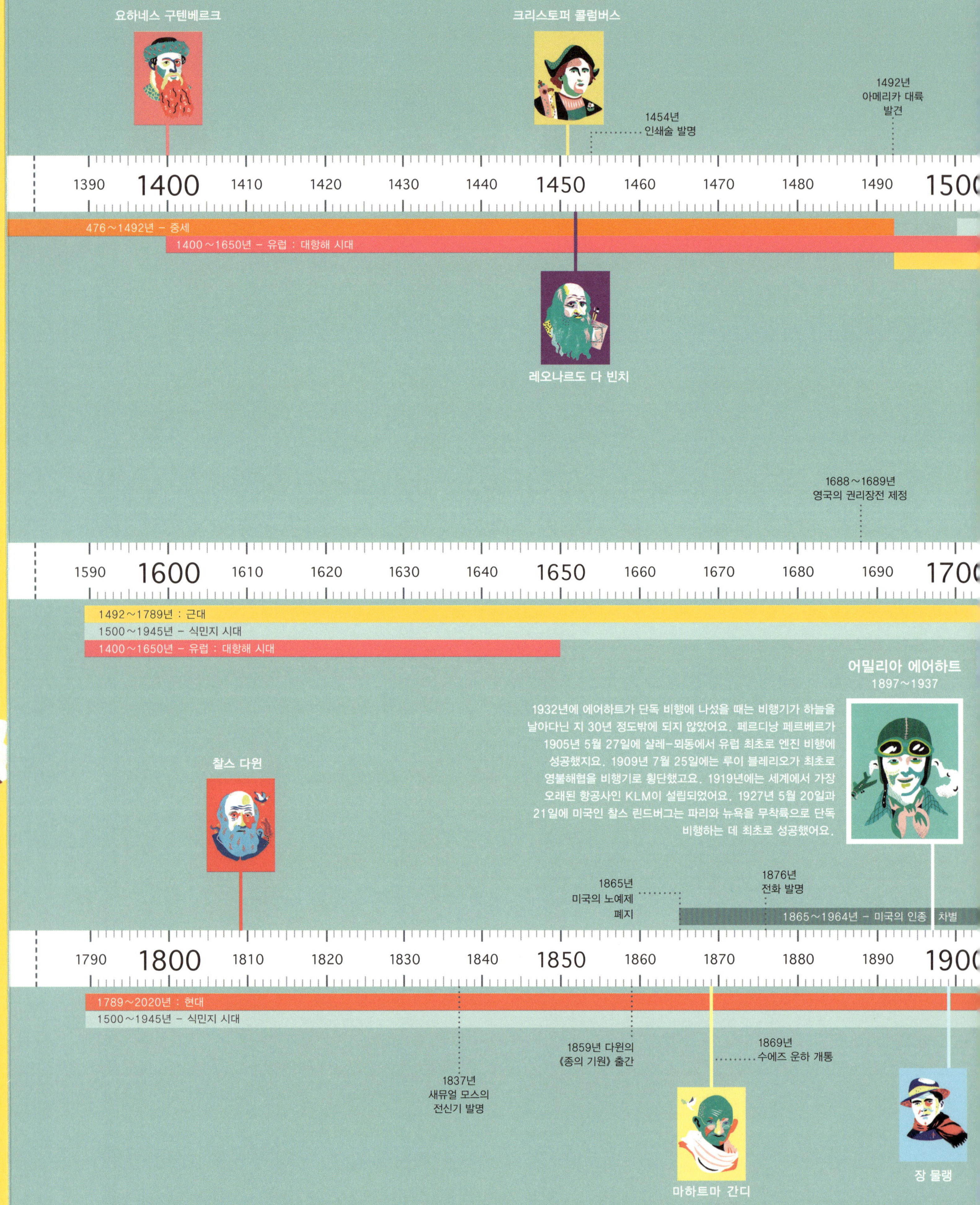

요하네스 구텐베르크

크리스토퍼 콜럼버스

1492년
아메리카 대륙
발견

1454년
인쇄술 발명

1390 1400 1410 1420 1430 1440 1450 1460 1470 1480 1490 1500

476~1492년 - 중세
1400~1650년 - 유럽 : 대항해 시대

레오나르도 다 빈치

1688~1689년
영국의 권리장전 제정

1590 1600 1610 1620 1630 1640 1650 1660 1670 1680 1690 1700

1492~1789년 : 근대
1500~1945년 - 식민지 시대
1400~1650년 - 유럽 : 대항해 시대

어밀리아 에어하트
1897~1937

1932년에 에어하트가 단독 비행에 나섰을 때는 비행기가 하늘을 날아다닌 지 30년 정도밖에 되지 않았어요. 페르디낭 페르베르가 1905년 5월 27일에 살레-와동에서 유럽 최초로 엔진 비행에 성공했지요. 1909년 7월 25일에는 루이 블레리오가 최초로 영불해협을 비행기로 횡단했고요. 1919년에는 세계에서 가장 오래된 항공사인 KLM이 설립되었어요. 1927년 5월 20일과 21일에 미국인 찰스 린드버그는 파리와 뉴욕을 무착륙으로 단독 비행하는 데 최초로 성공했어요.

찰스 다윈

1865년
미국의 노예제
폐지

1876년
전화 발명

1865~1964년 - 미국의 인종 차별

1790 1800 1810 1820 1830 1840 1850 1860 1870 1880 1890 1900

1789~2020년 : 현대
1500~1945년 - 식민지 시대

1859년 다윈의
《종의 기원》 출간

1869년
수에즈 운하 개통

1837년
새뮤얼 모스의
전신기 발명

마하트마 간디

장 물랭

- 인물의 일생 -

모리스 & 카티아 크라프트

화산을 연구하는 과학자들이 있다는 걸 알고 있었나요? 모리스와 카티아 크라프트 부부는 훌륭한 화산학자들이에요. '화산의 악마'라는 별명을 얻기도 했던 두 사람은 프랑스 알자스 지방 출신이에요.

아내 카티아 크라프트는 1942년 4월 17일에 프랑스 슐츠 오랭에서 태어났고, 남편 모리스 크라프트는 1946년 3월 25일에 프랑스 뮐루즈 부근에서 태어났어요. 모리스는 다섯 살에 이탈리아에서 스트롬볼리 화산이 분화하는 걸 보고 화산에 빠져들었어요. 그는 열네 살에 프랑스 지질학회의 회원이 되었고 대학에서는 지질학을 공부했어요.

카티아 크라프트도 어렸을 때 화산에 푹 빠졌어요. 그녀는 열세 살 때 프랑스의 마시프 상트랄에서 완전히 활동이 끝난 화산인 사화산을 처음으로 봤어요. 1960년에는 이탈리아를 여행하면서 에트나산과 폼페이의 유적을 보았지요. 이 여행을 하면서 카티아는 화산학자가 되겠다는 결심을 더욱 굳혔어요. 열아홉 살에는 스트라스부르 대학에서 지구화학을 공부했어요.

카티아와 모리스는 1966년에 롤랑 아스라는 친구를 통해 처음 만났어요. 2년 뒤에 세 사람은 에키프 뷜캥(나중에 뷜캥화산연구소로 바뀌었어요)이라는 팀을 만들어서 활화산 관람과 과학 탐사를 기획했어요. 첫 여행의 목적지는 아이슬란드였어요. 1969년에는 처음으로 텔레비전에 출연하기도 했고요.

모리스와 카티아는 1970년에 결혼했어요. 그리고 평생을 화산 연구에 바쳤어요. 두 사람은 전 세계를 돌아다니면서 150차례 이상의 화산 분화를 촬영하고 연구했어요. 책도 쓰고, 다큐멘터리도 만들고, 프랑스를 비롯해 해외의 텔레비전에도 출연하고, 강연도 했어요.

하지만 1991년 6월 3일에 두 사람의 열정이 그들의 목숨을 앗아갔어요. 일본의 운젠 화산이 분화했을 때 화산 구름에 갇혀 쓰러지고 말았거든요. 화산에서 뿜어져 나온 독가스, 화산재, 암석 덩어리들이 뒤섞인 화산 구름은 시속 500킬로미터의 속도로 퍼졌고 주변 온도도 500도까지 치솟았어요. 두 사람과 같이 있었던 마흔 명의 사람도 화산 구름을 피할 수 없었어요. 그들의 신원은 이틀 뒤에 소지품 덕분에 겨우 확인되었어요. 두 사람의 연구로 인해 화산에 관한 지식이 더욱 발전할 수 있었답니다.

- 크라프트 부부 대 아문센 -

과학을 위해 목숨을

모리스와 카티아 크라프트 부부가 화산의 열기를 좋아했다면 아문센에게는 추위가 자유의 대가였어요. 과학의 진보를 위해서라면 세 사람은 언제나 출동할 준비가 되어 있었지요. 지구 어딘가에서 화산이 분화한다는 소식이 들리면 크라프트 부부는 그곳으로 달려갔어요. 그렇게 해서 25년 동안 150회의 화산 분화를 지켜보고 연구할 수 있었지요. 1년에 여섯 번이나 화산이 폭발한 셈이에요.

크라프트 부부는 여러 번 상을 받았고 화산에 대한 20만 점의 사진과 수백 시간의 촬영 기록을 남겼어요. 그들의 수집품은 프랑스의 오베르뉴 지방에 있는 화산 공원 뷜카니아와 파리에 있는 자연사박물관에 보관되어 있어요. 두 부부는 대중에게 화산을 쉽게 설명해 주는 책도 20여 권 발표했어요. 그들은 세상을 떠난 뒤에도 생명을 구했어요. 그들이 제작한 〈화산의 위험〉이라는 다큐멘터리가 1991년 필리핀의 피나투보 화산이 분화했을 때 주민들에게 상영되었거든요. 그 덕분인지 피나투보 화산 분화는 20세기 최대 규모였지만 사망자는 300명에 그쳤어요. 화산 폭발의 위력이 워낙 엄청나서 대기 중으로 분출된 화산재 때문에 3년 동안 세계 평균 기온이 0.5도 내려갈 정도였어요. 화산은 분화 뒤에 높이가 300미터나 낮아졌어요.

> 과학의 진보를 위해서라면 그들은 언제나 출동할 준비가 되어 있었지요.

1991년 6월 3일, 일본의 우젠 화산에 있던 크라프트 부부는 특히 모리스가 큰 관심을 가지고 있었던 현상을 마지막으로 보았어요. 그것은 바로 화산 구름이었지요. 부부

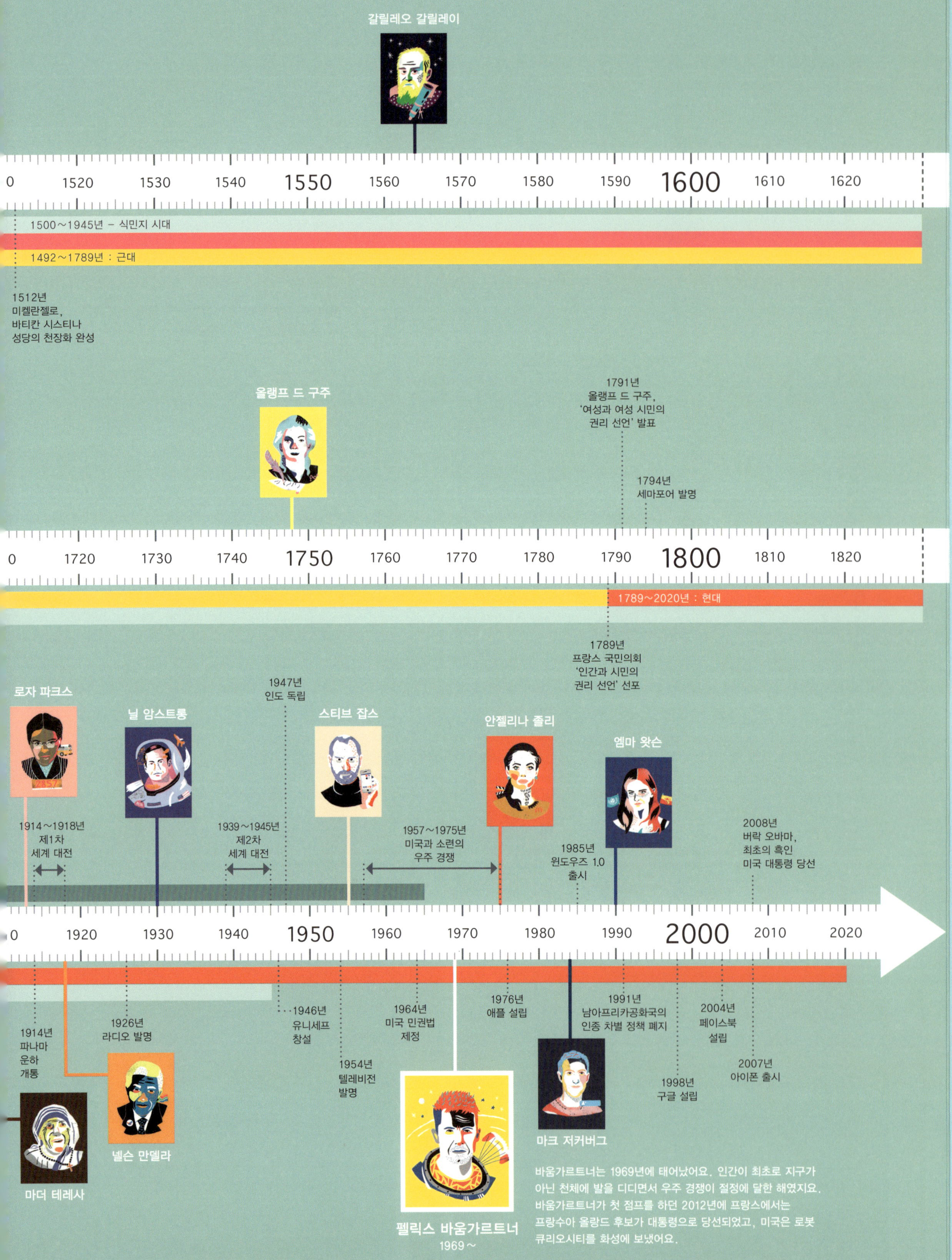

모리스 & 카티아 크라프트

갈릴레오 갈릴레이

1500~1945년 - 식민지 시대
1492~1789년: 근대

1512년
미켈란젤로,
바티칸 시스티나
성당의 천장화 완성

올랭프 드 구주

1791년
올랭프 드 구주,
'여성과 여성 시민의
권리 선언' 발표

1794년
세마포어 발명

1789~2020년: 현대

1789년
프랑스 국민의회
'인간과 시민의
권리 선언' 선포

로자 파크스

닐 암스트롱

1947년
인도 독립

스티브 잡스

안젤리나 졸리

엠마 왓슨

1914~1918년
제1차
세계 대전

1939~1945년
제2차
세계 대전

1957~1975년
미국과 소련의
우주 경쟁

1985년
윈도우즈 1.0
출시

2008년
버락 오바마,
최초의 흑인
미국 대통령 당선

1914년
파나마
운하
개통

1926년
라디오 발명

1946년
유니세프
창설

1964년
미국 민권법
제정

1976년
애플 설립

1991년
남아프리카공화국의
인종 차별 정책 폐지

2004년
페이스북
설립

1954년
텔레비전
발명

1998년
구글 설립

2007년
아이폰 출시

마더 테레사

넬슨 만델라

펠릭스 바움가르트너
1969~

마크 저커버그

바움가르트너는 1969년에 태어났어요. 인간이 최초로 지구가 아닌 천체에 발을 디디면서 우주 경쟁이 절정에 달한 해였지요. 바움가르트너가 첫 점프를 하던 2012년에 프랑스에서는 프랑수아 올랑드 후보가 대통령으로 당선되었고, 미국은 로봇 큐리오시티를 화성에 보냈어요.

- 인물의 일생 -

로알 아문센

바친 세 사람

는 헬리콥터를 구할 수 없었어요. 기자들이 다 빌려 갔기 때문이었지요. 결국 영상을 촬영하기 위해 지상에 발이 묶일 수밖에 없었어요. 그때는 아직 몰랐지만 그들은 화산 구름이 지나가는 길목에 있었어요. 결국 목숨을 잃고 말았지요.

> 크라프트 부부는 25년 동안 150회의 화산 분화를 지켜보고 연구했어요.

아문센은 북극권 너머 차가운 바다에서 목숨을 잃었어요. 남극을 정복한 그의 유해가 묻힐 만한 곳이었지요. 1897년에서 1899년까지 벨지카호를 타고 탐험에 나설 때마다, 또 1903년에서 1906년까지 북서 항로를, 1910년에서 1912년까지 남극을 탐사할 때마다 아문센과 그의 팀은 소중한 과학적 데이터를 가지고 돌아왔어요. 그 덕분에 극지방과 빙상에 대한 지식이 크게 발전했지요. 아문센의 가장 훌륭한 업적은 남극을 정복했다는 것이에요. 하지만 하마터면 성공하지 못할 뻔했어요. 북극을 최초로 정복하고 남극으로 향하는 마음을 버리려던 찰나에 영국인 탐험가 로버트 스콧이 똑같은 계획을 세웠다는 사실을 알게 되었어요. 남극 정복 경쟁은 그래서 시작되었지요.

아문센과 스콧의 탐사대는 1911년 1월에 약 100킬로미터 서로 떨어져서 남극에 머물렀어요. 탐사 대원들은 베이스캠프를 쳐서 이동 경로를 정하고 그곳에서 겨울을 나기로 했지요. 아문센은 10월 20일에 네 명의 동료와 함께 출발했어요. 개 열세 마리가 나눠 끄는 썰매 네 대가 동원되었어요. 스콧은 11월 1일에 시베리안 포니를 타고 출발했고요. 1,000킬로미터가 넘는 대장정을 마친 아문센의 팀이 먼저 남극에 도착해서 노르웨이 국기를 꽂았어요. 영국팀은 한 달 뒤에 도착했지만 고향으로 돌아가지 못했어요.

추위와 눈을 좋아하나요? 로알 엥겔브렉트 그라브닝 아문센도 그랬어요. 그는 1872년 7월 16일에 노르웨이의 오슬로 근교에서 태어났어요. 아문센은 어릴 적부터 극지방 탐험가가 되고 싶어서 영국인 탐험가 존 프랭클린의 책들을 열심히 읽었어요. 그 다음에는 노르웨이의 탐험가 프리티오프 난센에게 빠졌어요. 난센은 1889년에 스키를 타고 그린란드를 49일 만에 횡단하는 기록을 세웠지요. 난센의 업적을 보고 아문센은 마음을 굳혔어요.

열여섯 살에 아문센은 극지방 탐험을 경험했어요. 학교 친구들과 며칠 동안 산으로 하이킹을 떠났지요. 어머니는 아들이 극지방에 관심을 보이는 것을 무척 싫어했어요. 1890년에 고등학교를 마친 아문센에게 의학을 공부하라고 다그쳤지요. 그러나 아문센은 3년 뒤에 의대를 떠나 뱃사람이 되었어요.

그는 1897년에서 1899년까지 벨지카호를 타고 처음으로 과학 탐사대와 함께 남극으로 향했어요. 그런데 1898년 3월에 선박이 거대한 빙산에 갇히고 말았지요. 의사가 배에 타고 있었고 펭귄을 잡아먹을 수 있었기에 다행히 목숨을 건질 수 있었어요. 그럼에도 아문센은 집에 돌아오자마자 다시 혼자서 남극 탐험을 계획했어요. 그는 대서양과 태평양을 잇는 해상로를 남극해에서 찾을 수 있을 것이라 생각했지요.

아문센은 1903년에 이외아호를 타고 최초로 북서 항로를 건넜어요. 이 기록은 1977년이 되어서야 깨지지요. 집으로 돌아온 아문센은 이번에는 평생의 꿈을 이루고 싶었어요. 최초로 북극을 정복하고 싶었지요. 하지만 탐험을 준비하는 사이에 미국인 두 명이 1909년에 북극을 정복했어요. 프레더릭 쿡과 로버트 피어리였지요.

하지만 괜찮아요. 아문센은 남극을 최초로 정복했으니까요. 탐험대는 1910년 6월 6일에 길을 나섰어요. 그리고 1911년 1월에 베이스캠프를 칠 곳에 도착해서 그곳에서 겨울을 났어요. 1911년 10월 20일에 아문센은 남극으로 출발했고, 12월 14일에 도착했지요. 그의 도전은 멈추지 않았어요. 1918년에 북서 항로를 건넜고, 1925년에는 수상 비행기로 북극 상공을 비행하려고 했어요. 1926년에는 열기구를 타고 가려고 했지요. 아문센은 1928년에 북극 상공을 비행하던 탐사선을 구조하려다가 바다에서 실종되고 말았답니다.

로알 아문센

요하네스 구텐베르크

크리스토퍼 콜럼버스

1454년
인쇄술 발명

1492년
아메리카 대륙
발견

1390 1400 1410 1420 1430 1440 1450 1460 1470 1480 1490 1500

476~1492년 – 중세
1400~1650년 – 유럽 : 대항해 시대

레오나르도 다 빈치

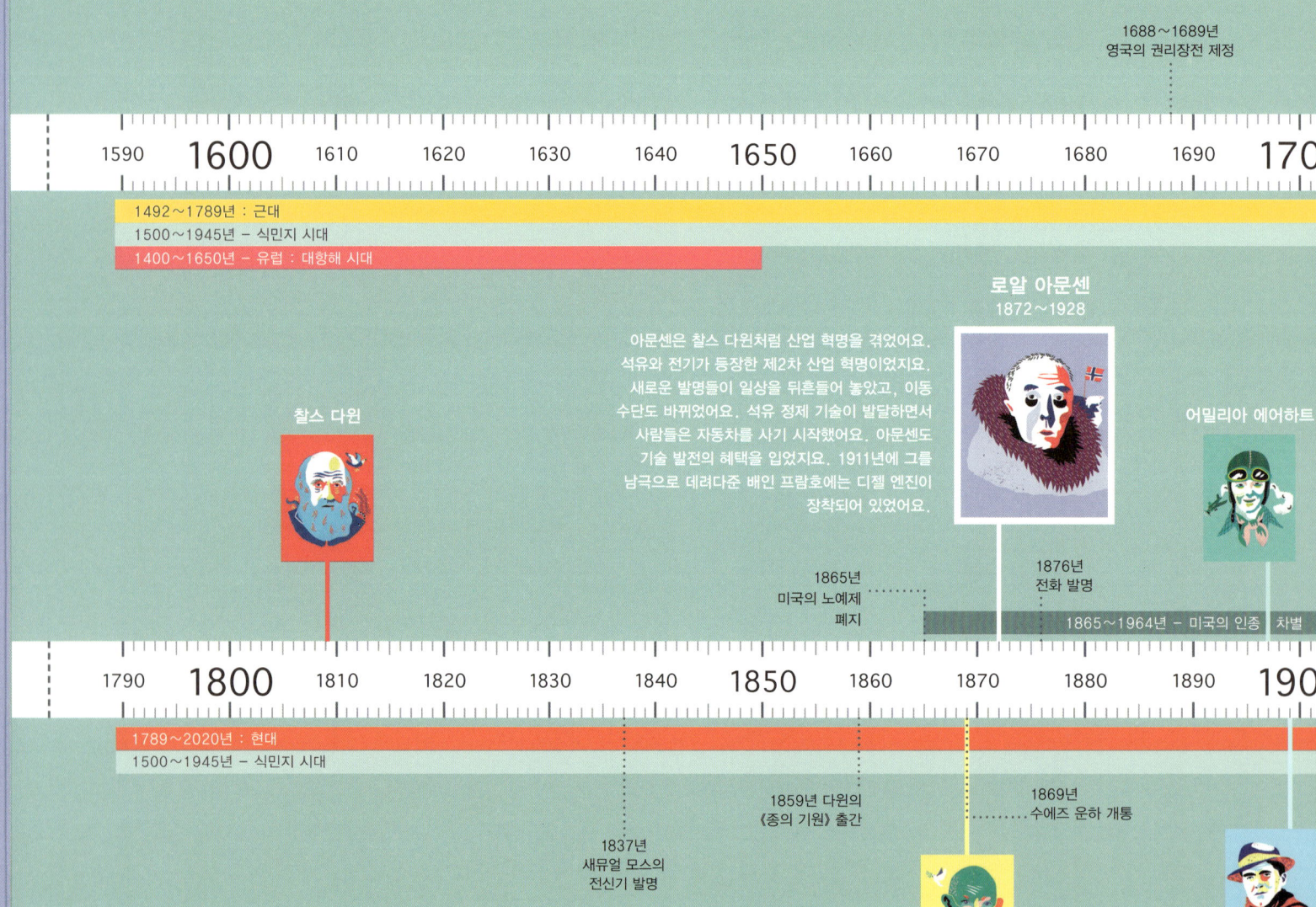

1688~1689년
영국의 권리장전 제정

1590 1600 1610 1620 1630 1640 1650 1660 1670 1680 1690 1700

1492~1789년 – 근대
1500~1945년 – 식민지 시대
1400~1650년 – 유럽 : 대항해 시대

로알 아문센
1872~1928

아문센은 찰스 다윈처럼 산업 혁명을 겪었어요. 석유와 전기가 등장한 제2차 산업 혁명이었지요. 새로운 발명들이 일상을 뒤흔들어 놓았고, 이동 수단도 바뀌었어요. 석유 정제 기술이 발달하면서 사람들은 자동차를 사기 시작했어요. 아문센도 기술 발전의 혜택을 입었지요. 1911년에 그를 남극으로 데려다준 배인 프람호에는 디젤 엔진이 장착되어 있었어요.

어밀리아 에어하트

찰스 다윈

1865년
미국의 노예제
폐지

1876년
전화 발명

1865~1964년 – 미국의 인종 차별

1790 1800 1810 1820 1830 1840 1850 1860 1870 1880 1890 1900

1789~2020년 – 현대
1500~1945년 – 식민지 시대

1837년
새뮤얼 모스의
전신기 발명

1859년 다윈의
《종의 기원》출간

1869년
수에즈 운하 개통

마하트마 간디

장 물랭

갈릴레오 갈릴레이

| 0 | 1520 | 1530 | 1540 | **1550** | 1560 | 1570 | 1580 | 1590 | **1600** | 1610 | 1620 |

1500~1945년 – 식민지 시대
1492~1789년 : 근대

1512년
미켈란젤로,
바티칸 시스티나
성당의 천장화 완성

올랭프 드 구주

1791년
올랭프 드 구주,
'여성과 여성 시민의
권리 선언' 발표

1794년
세마포어 발명

| 0 | 1720 | 1730 | 1740 | **1750** | 1760 | 1770 | 1780 | 1790 | **1800** | 1810 | 1820 |

1789~2020년 : 현대

1789년
프랑스 국민의회
'인간과 시민의
권리 선언' 선포

로자 파크스   닐 암스트롱   1947년 인도 독립   스티브 잡스   안젤리나 졸리   엠마 왓슨

1914~1918년
제1차
세계 대전

1939~1945년
제2차
세계 대전

1957~1975년
미국과 소련의
우주 경쟁

1985년
윈도우즈 1.0
출시

2008년
버락 오바마,
최초의 흑인
미국 대통령 당선

| 0 | 1920 | 1930 | 1940 | **1950** | 1960 | 1970 | 1980 | 1990 | **2000** | 2010 | 2020 |

1914년
파나마
운하
개통

1926년
라디오 발명

1946년
유니세프
창설

1954년
텔레비전
발명

1964년
미국 민권법
제정

1976년
애플 설립

1991년
남아프리카공화국의
인종 차별 정책 폐지

1998년
구글 설립

2004년
페이스북
설립

2007년
아이폰 출시

마더 테레사   넬슨 만델라   카티아 크라프트 1942~1991 / 모리스 크라프트 1946~1991   펠릭스 바움가르트너   마크 저커버그

모리스와 카티아 크라프트는 30년 동안 지속된 경제 호황기가 막 시작될 무렵에 태어났어요. 1945년에서 1975년까지 프랑스와 몇몇 서양 국가는 엄청난 경제 성장을 누렸어요. 크라프트 부부는 닐 암스트롱이 달에 인류의 첫 발을 디디는 장면도 보았고, 남아프리카공화국에서 싸운 넬슨 만델라의 투쟁, 미국에서 투쟁한 로자 파크스의 노력도 지켜보았어요.

스티브 잡스
(미국 샌프란시스코)

어밀리아 에어하트
(미국 캔자스주)

찰스 다윈
(영국 슈루즈베리)

그린란드

아이슬란드

캐나다

북아메리카

미국

영국

엠마 왓슨
(프랑스 파리)

프랑스

포르투갈

에스파냐

멕시코

닐 암스트롱
(미국 오하이오주)

올랭프 드 구주
(프랑스 몽토방)

안젤리나 졸리
(미국 로스앤젤레스)

베네수엘라

콜롬비아

모리스 & 카티아 크라프트
(프랑스 뮐루즈 & 슐츠오랭)

아프리카

로자 파크스
(미국 앨라배마주)

페루

브라질

크리스토퍼 콜럼버스
(이탈리아 제네바)

남아메리카

장 물랭
(프랑스 베지에)

아르헨티나

마크 저커버그
(미국 뉴욕주)

넬슨 만델라
(남아프리카공화국 음베조)

로알 아문센
(노르웨이 오슬로)

핀란드

스웨덴

요하네스 구텐베르크
(독일 마인츠)

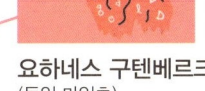

러시아

이 책에 소개된 인물들은 세계 곳곳에 흩어진 서로 다른 도시에서 태어났어요. 다섯 개 대륙에 모두 있는 것은 아니지만 역사의 흐름을 바꾸려고 애쓰는 사람들은 언제 어디에나 있어요. 여러분도 머지않은 미래에 그런 사람이 되지 않을까요?

폴란드

우크라이나

유럽

이탈리아

펠릭스 바움가르트너
(오스트리아 잘츠부르크)

아시아

한국   일본

중국

인도

마더 테레사
(마케도니아 스코페)

마하트마 간디
(인도 포르반다르)

오스트레일리아

오세아니아

남아프리카
공화국

레오나르도 다 빈치
(이탈리아 빈치)

갈릴레오 갈릴레이
(이탈리아 피사)

뉴질랜드

| 교양학교 그림책 |

다빈치 대 잡스
세상을 바꾼 20명의 인물, 일대일로 만나다

초판 1쇄 2020년 11월 11일 | 초판 3쇄 2021년 12월 17일
글쓴이 바티스트 코르나바스 | 그린이 앙투안 코르비노 | 옮긴이 권지현 | 펴낸이 황정임 | 펴낸곳 도서출판 노란돼지
경기도 파주시 문발로 115(파주출판문화정보산업단지), 307 (우)10881 | 전화 (031)942-5379 | 팩스 (031)942-5378
등록번호 제406-2009-000091호 | 등록일자 2009년 11월 30일
편집 김성은, 박예슬 | 디자인 이재민, 유고운 | 마케팅 이주은, 이수빈, 고예찬 | 경영지원 손향숙

도서출판 노란돼지는 독자 여러분의 의견을 기다립니다. yellowpig.co.kr | 인스타그램 @yellowpig_pub
ISBN 979-11-5995-145-9 73990 ⓒ 노란돼지 2020
값은 표지 뒷면에 있습니다.

제조국 대한민국 | **사용연령** 5세 이상
주의사항 종이에 베이거나 긁히지 않도록 조심하세요. 책 모서리가 날카로우니 던지거나 떨어뜨리지 마세요.